大 师 细 说 博 弈 论

# 理性选择
## RATIONAL CHOICE

伊扎克·吉尔伯阿（Itzhak Gilboa）/ 著

李井奎 / 译

中国人民大学出版社
·北京·

# 作为魅力学问的博弈论

## （总序）

　　有许多理由让我向读者们推荐博弈论，也顺便推荐本套丛书。说起博弈论，在过去的十多年里，人们对于它的感受是随着时间的推移而变化的。20世纪90年代初，我开始为研究生和博士生开设博弈论课程，一些同事用怀疑的眼光看着我。随后，在中国经济学界出现了博弈论热潮，而这种博弈论热潮是我在1996年发表在当时很有名的《经济学消息报》上面的文章所准确预言了的。[①] 随后，有一些反潮流的人撰文批评这样的博弈论热，但是，我们看到，即使包括张五常这样的大家在内的批评者都没有成功地为博弈论热降温。在今天的经济学专业杂志上，包括国际上著名的经济学刊物，甚

---

①　蒲勇健：《博弈论：中国经济学家亟须掌握的数学工具》，载《经济学消息报》，1996（31）。

至在超出一般意义的经济学期刊，比如管理、法律、政治学、生物学、心理学、军事科学等学术杂志上，运用博弈论方法构造数学模型的论文可以说是汗牛充栋、随处可见了。

与许多学问不同，博弈论不仅仅因为它开始成为包括经济学在内的社会科学的一般性研究框架而显得重要，犹如19世纪的牛顿力学在自然科学中的地位，而且，博弈论还是一门充满韵味且魅力十足的学问。正是由于博弈论那深刻的策略分析与对于大千世界中无所不在的复杂现象的巧妙解读，人们不仅满足了好奇心，而且还会感到茅塞顿开、豁然开朗，甚至在读了博弈论对于从经济管理到进化生物学一系列学术难题的精妙解读之后，禁不住会大呼过瘾，爽极！

对于许多人来说，科学的价值是能够帮助人们去认识世界、改造世界。其实，这是实用主义者的感受。对于科学家，特别是一些大科学家来说，他们认为科学理论的价值是它无比的美感，比如爱因斯坦、薛定谔。对于既不同于普罗大众，也不是爱因斯坦那样的大科学家的大多数研究者来说，玩科学的感受其实就是有趣。趣味，是使得大多数科学家埋头于学问的主要推力。这种沉迷于学问里面的无穷趣味，是普通人难以想象甚至难以企及的境界，那可不是一般的趣味，那是"神趣"！——令人神魂颠倒、忘乎所以之意境！有如窥见上帝秘密之快感和人世间任何其他满足都难以比拟的快乐。当然，并不是所有的学问都能够如此这般地给人带来快乐，但是博弈论肯定是位列其中的。

作为研究策略性互动的学问，博弈论在解释经济行为的原因、政治制度的形成与演化、进化心理学假说的模型构建、进化生物学的数学化、市场设计与供求匹配等方面大获成功，已经成为生命体行为现象微观研究的重要方法——不仅仅是人类的经济行为。

美国第一位获得诺贝尔经济学奖的大师保罗·萨缪尔森说过：如果你想成为一个有见识的人，就一定要读读博弈论。其实，读读博弈论，还不仅是让人开眼界、长见识，喜欢深刻思考的人，会发现博弈论正是你爱不释手、丢弃不了的东西。

到底博弈论有什么迷人的地方呢？随便举个信手拈来的例子，就是中国的跨地区移动通信为什么要收取漫游费。要知道，全世界只有三个国家在收取漫游费——中国、印度和日本。为什么？在我曾经参加的听证会上，运营商说跨地区移动通信会增加运营商的业务量，所以成本的增加使得它

们通过收取漫游费来填补额外的成本。其实，收取的漫游费数量远远超出了它们购买设备处理业务的费用，这样的理由是不成立的。那么，是什么难言之隐让运营商要收取漫游费呢？博弈论让我们很容易推演出运营商难言的秘密：如果取消漫游费，那么运营商们就处于全国统一的竞争性市场中，它们之间就会打起价格战，导致大多数运营商退出，而留下极少数幸存者垄断市场。并不是所有的运营商都有这样的自信：我会是最后的幸存者。所以它们之间就达成这样的默契：通过漫游费将市场分割为各个区域性市场。漫游费是地区市场分割的壁垒，各个地区的运营商都在自己的地盘里过着垄断带来的好日子。比如，在漫游费的高墙下，你是北京的用户，想用重庆的电话，因为重庆的话费可能要便宜一些。但是，漫游费就让你用重庆的电话比用北京的电话还要贵。这样，即使重庆的电话费比北京的电话费便宜，漫游费也让你难以企及，因为加上漫游费，对你来说用重庆的电话就要比用北京的电话贵了。同样，重庆的用户也会只用重庆的电话，各个地区的用户都只用本地区的电话，全国性的统一竞争性市场就被分割成各个地区的垄断市场，而用户们也不得不支付高额的话费。在这里，博弈论所起的作用是：它预言统一市场中会出现价格战。因为如果你知道一点博弈论，就一定知道"囚徒困境"这样简单的博弈论模型，也知道两个小偷在警察面前都会相互出卖同伙的结果。竞争性市场里的企业相互杀价，进行价格战就是"囚徒困境"，而相互出卖是它们的选择。

怎么样，博弈论让你大开眼界了吧。其实，在博弈论里，这样的妙招很多，它会教你怎样识破谎言。1996年的诺贝尔经济学奖得主之一、博弈论专家维克里就教会招标人如何识破投标人的谎言，让投标人老老实实地把真实的底价告诉招标人。

举一反三，同样基于惧怕价格战的原因，沃尔玛与麦德龙连锁店在选址上就不会十分接近。读者也许会注意到，沃尔玛与麦德龙在全世界任何地方的分店，通常都有足够远的距离。这样，即使居住在沃尔玛附近的消费者知道麦德龙的商品可能较沃尔玛便宜，但是较远的空间距离也让他对于放弃沃尔玛而去麦德龙购物望而却步。同样，居住在麦德龙附近的消费者也会是麦德龙的客户。沃尔玛与麦德龙之间拉开空间距离，就能够相互维护二者之间的市场细分而避免价格战对于双方的伤害。这是一种默契，也是博弈的结果。

博弈论不仅仅是学问，也不仅仅可供人们在茶余饭后消遣。更加重要

的是，博弈论在现实中被广泛运用，从英美国家的 3G 手机频率拍卖，到 1999 年台湾地区领导人选举中陈水扁上台，都明显或者不明显地采用了博弈论的策略。当时，李登辉暗地想把陈水扁扶上台。国民党有两个候选人：连战与宋楚瑜。尽管在那个时候国民党在台湾已经有一些日薄西山，但是与新起的民进党相比，仍然是"瘦死的骆驼比马大"，小小的民进党是难以撼倒国民党的。但是，李登辉是经济学家，作为台湾大学的经济学教授，他自然想到了运用博弈论策略对国民党使阴招，尽管他当时还是国民党的总裁。他通过媒体发表许多伤害宋楚瑜的言论，使宋楚瑜上当。因为一气之下的宋楚瑜为了与作为国民党总裁的李登辉划清界限，就贸然把他的支持者从国民党拉出去，另外成立了一个亲民党。这样，本来可以轻松击败民进党的国民党，就由于选票被国民党与亲民党两个党分散，让民进党最终取胜。可以说，李登辉在 1999 年运用博弈论霍特林模型中的策略，成功分化了国民党的选票而使陈水扁登上台湾"总统"的宝座，而他对博弈论策略的运用也达到了炉火纯青、天衣无缝的水准。在霍特林模型中，如果是两个候选人竞争，他们会使自己的政治纲领相互靠近，但是，如果是三个候选人竞争，则其中一个候选人把自己的政治纲领适当地与其他两个候选人的政治纲领拉开距离就可以取胜。由于连战与宋楚瑜之前的选民都是国民党的选民，他们俩分开后，他们的支持者之间的政治偏好是差不多的，所以，陈水扁只要把自己的政治主张适当地与他们俩区分开来，就可以分别击败他们。李登辉是通过博弈论而瞒天过海的，不仅让宋楚瑜上当，而且使整个国民党甚至选民们也被蒙在鼓里。

博弈论不仅仅好玩，而且十分有用。我们来看看下面这个例子。20 世纪 80 年代，在美国有两家销售音响产品的商店——疯狂艾迪和纽马克 & 路易斯。疯狂艾迪为了阻止纽马克 & 路易斯私下进行降价竞争，陷入价格战导致双方同归于尽，便打出了这样一个广告：凡是在疯狂艾迪购买商品的顾客，如果发现在其他商店可以以更低的价格买到同样的商品，疯狂艾迪可以按照差价的双倍对顾客进行补偿。这样，如果纽马克 & 路易斯私下降价，任何人都不会去它那里买东西。因为所有人为了获得两倍差价的补偿都会去疯狂艾迪买商品。这意味着一旦纽马克 & 路易斯私下降价，则对方会自动降价更多，并且纽马克 & 路易斯的顾客还会流失。这种方式就迫使纽马克 & 路易斯不敢私下降价，价格战就这样避免了。

这个案例在全世界都被模仿。我在重庆的家乐福超市也看到过类似于

疯狂艾迪那样的广告：谁要是在重庆主城区以比本店更加便宜的价格买到同样的商品，本店将按照差价的三倍补偿。

更加鲜活的例子是，在2012年，中国的电子商务巨头京东试图挑起的一场大家电价格战被苏宁电器用与当年疯狂艾迪完全相同的博弈策略秒杀了！2012年8月14日，京东商城的首席执行官刘强东在其实名认证的微博上面声明：京东商城的所有大型家电将在未来三年里保持零毛利，"保证比苏宁、国美连锁店便宜至少10%以上"。苏宁立即以微博接招，宣布所有产品价格必然低于京东，否则将给予消费者两倍差价赔付。于是，硝烟还没有升起，京东便偃旗息鼓了。苏宁简单搬用疯狂艾迪的策略便一招致命，击退了京东的挑战。

在政治领域，博弈论更是如鱼得水。现今的政治科学研究，大量采用博弈论的方法已经是世风。一些令人头疼的政治现象，用博弈论方法看就是直截了当的了。比如，中东和平进程为什么受阻，就是因为目前的停滞状态是博弈论中的纳什均衡。巴勒斯坦要求以色列首先交还被占领土，然后才声明放弃恐怖活动；而以色列要求巴勒斯坦首先宣布放弃恐怖活动，然后它们才交还占领的巴勒斯坦领土。双方都不愿意首先改变自己的策略。因为如果巴勒斯坦宣布放弃恐怖活动，以色列也可以不交还被占领土，巴勒斯坦就惨了。同样，如果以色列交还了占领的巴勒斯坦领土，巴勒斯坦也可以不宣布放弃恐怖活动，以色列也会吃大亏的。因此，双方都不会首先改变自己目前的策略，这就是博弈论里的纳什均衡。既然是纳什均衡，就是一种难以改变的胶着状态。

混合策略博弈是指博弈的参与人通过模糊自己的策略动机迷惑对手的博弈。在人们的生活中，谈恋爱就是一种混合策略博弈。在谈恋爱的过程中，女孩子通常会对于男孩子的追求反应含糊。因为如果女孩子说她爱男孩子，男孩子就认为已经搞定，就不会继续狠追女孩子了，女孩子会因此失去被追的愉悦。如果女孩子说她不爱男孩子，男孩子就会放弃，女孩子就会失去继续考察男孩子的机会。所以，女孩子总是对于男孩子的追求若即若离，不轻易说她对他爱与不爱。这是混合策略的运用。

一旦引入信息不对称，博弈论就更加魅力十足了。许许多多曾经是扑朔迷离的社会现象、经济现象，甚至生命现象，在信息不对称假设下就会令人感到茅塞顿开。

在2013年年初，包括韩国和日本在内的一些在华外资汽车公司，纷纷

开始推出将新购汽车的保修期延长至 5 年的营销策略。外资企业采用这种策略的目标是试图将中国的国产汽车公司挤出市场。以往，中国的国产汽车与外资之间在华市场的竞争主要依靠价格优势。但是，由于劳动力成本的上升，价格优势不再，外资企业依靠的是质量优势，这是国产汽车公司难以模仿的，它们由此发出高质量的信号，从而形成不对称信息中的分离均衡。

也就是说，在过去中国还具有低劳动力成本的情况下，国产汽车公司与外资之间还存在竞争，这种竞争的均衡是外资的高质量与国产汽车公司的低价格之间的平衡。到了 2013 年，国产汽车的低价格优势由于原材料涨价和劳动力成本上升而逐渐式微，外资与国产汽车之间都在差不多的价格水平上进行竞争了。在这种情况下，在同样的价格水平上，消费者就更加偏好高质量的汽车。保修期越长，就可以被认为是质量越高的产品。因为只有生产高质量产品的公司，才不会因为较长的保修期而产生高昂的费用，这是由于高质量产品在即使是较长的时间里也较少出现质量问题。这样，通过较长的保修期，企业就把高质量的信号发送给了消费者，而消费者也就因此放弃购买没有发送高质量信号的企业的产品，转而购买发送高质量信号的企业的产品了。

生命现象是我们这个地球上最神奇、最神秘的现象。达尔文的进化论为我们说明了复杂的生命现象是如何进化而来的。正是博弈论为进化论建立起了数学模型。

生命的个体也许并不是对于许多不同的生存策略进行理性的选择，而是通过偶然的试错过程发现了最优的策略。当所有个体都完成了最优生存策略的"自然选择"之后，就达到了纳什均衡。个体因为发生突变而面对不同的生存策略，而不同的生存策略给个体带来了不同的生存适应度。只有那些带来最大适应度的策略才可以让个体生存下去，而通过遗传，那些成功地"自然"选择了最优策略的个体便把自己的基因遗传了下来，而其他物种个体便灭绝了。博弈论专家证明，这种自然选择出来的最优策略是纳什均衡策略，尽管并不假定生命个体一定是理性人——这避免了传统经济学理性人假设带来的尴尬，因为心理学家经常会批评这样的假定。

在人类出现的东非大峡谷，那些高个子的人类祖先，生存更加困难（高个子更容易被豺狼虎豹看见，在野兽追来时更难以躲避），心脏负荷大，需要更多的食物而处于生存劣势。因此，只有那些生存能力较强的高个子

基因遗传下来了。这是一种不对称信息博弈中的信号博弈现象。高个子是发送优良基因的信号，所以人们在谈对象的时候，一般喜欢高个子，这是因为他们或许载有更加优良的基因，可以通过与他们结合把自己的基因遗传下去，因为既然高个子生存更加困难，但是当他们还生存着时，就意味着他们具有更加强大的生存基因。表面看起来，喜欢高个子是因为我们觉得高个子赏心悦目，是美的元素。其实，人类的美感是与生存能力联系起来的。这是所谓进化博弈论的发现。

博弈论中最具魅力的部分是信号博弈。在进化博弈论里，信号博弈把过去人们认为是纯粹主观性的审美解读成进化中的生存博弈形成的策略，当然是物种在进化过程中的纯粹是自然选择的策略。

信号博弈还可以解释官僚贪污现象。官员贪污腐败是忠诚的信号。读者可能会觉得奇怪：贪污腐败怎么与忠诚联系在一起？其实，政府官员贪污尽管是古今中外都普遍存在的现象，但是从历史上看，在东方要盛于西方。在东方，至少在过去，特别是东方一些完成现代化进程之前的国家，贪污甚至是人们习以为常的，或者说是老百姓看来无可奈何的现象。同时，我们注意到，在历史上，东方也普遍采取专制社会的社会治理模式，以至在文献上会出现了"东方专制社会"的术语。

我们下面从博弈论的信号发送机制出发，说明这两个社会现象之间存在着密切的联系，即专制社会与官员贪污腐败之间存在着因果关系。专制会带来贪污腐败，或者说比非专制社会更加普遍的贪污腐败现象，这种因果关系并不是简单地因为专制社会缺乏对于官员的监督，而是因为在专制社会里，官员向其上司表忠诚，可以通过自己贪污腐败来发送忠诚的信号，以利于保护自己。

在专制社会，官员的全部命运基本上都掌握在他上司手里。上司可以决定他们的升迁，甚至掌控着他们的身家性命！

官员为了保护自己，让上司找不到任何可以灭掉自己的口实，或者让上司相信自己不会谋反，自己是完全忠诚于上司的，就需要发送这样的信号给上司——我是忠诚于您的！

但是，发送的信号必须要满足"可置信"的条件。上司怎么才会相信你的表白呢？

如果你非常清廉，这样就会有好的声誉。一旦你谋反成功，比如谋朝篡位，你的好声望就会让人民接受你，而让想攻击你的潜在敌人感到要击

败你是比较困难的。正是你的好声誉会助你谋反成功。

但是，如果你的声誉很糟糕，即使你谋反成功，人民也不会接受你，你的敌人也会利用这一点对你发起攻击，并且会得到人民的响应，你会落败的。

这样，当你具有好的声誉时，你谋反成功并且取而代之的动机就会比较强烈，相反，你的坏声誉会增加你谋反成功的难度，你的谋反动机也就比较小了。

如果你并不想谋反，同时也要向上司表明你的忠诚，你就可以采取自毁声誉的办法，增加你谋反成功的难度，同时也告诉你的上司，你是不会谋反的，因为你谋反成功的机会很小！这种信号是可置信的。

当你的上司相信你不会谋反时，你就成功地保护了自己。

当然，官员的贪污不仅仅是为了实施这样的策略，也有真正对于财富的贪婪。但是，人们对于财富的贪婪无论在东方还是西方社会都应该是一样的，为什么在东方社会要更加普遍？这是因为东方社会普遍存在的专制治理模式给这一信号发送提供了动力。所以，贪污作为信号是有一定解释力的。

当然，这种信号理论比较适合解释皇帝身边的权臣贪污，并不能解释下层官员的贪污。比如，和珅生活在乾隆皇帝身边，但是其贪得无厌到了不能企及的程度，乾隆皇帝反而对他宠爱有加。

据说张良在跟随刘邦进入京城的时候，便叫家丁们到街上去打砸抢。这样的自毁声誉与贪污行为其实都是保护自己的策略，两者异曲同工。

博弈论看起来深刻奥妙，有一些玄乎。其实，博弈论就在我们身边，每时每刻，无所不在。2013年春，朝鲜三次核爆，单方面宣布《朝鲜停战协定》无效，大肆反美，令全世界都为朝鲜捏了一把汗。其实，如果从博弈策略的角度分析，朝鲜是有充分的自信的。朝鲜知道，美国其实是不会打击朝鲜的。如果美国对朝鲜进行核打击，则东北亚会出现核污染，会伤及驻日本和韩国的美军。美国政府在选民的压力下不得不从东北亚撤出。这样，美国在东北亚核战争中不仅一无所得，而且还会遭到全世界的责骂，并且灰溜溜地从长期盘踞的东北亚撤出。如果美国用高科技常规武器打击朝鲜，朝鲜会用核武器反击，美军大败，加上东北亚的核污染，导致美国同样会从东北亚撤出，朝鲜会崛起，统一半岛。所以，美国人并不会对朝鲜进行打击，无论是用核武器还是常规武器。事实上，这样的判断是存在

先例的。1969 年，当时因为中国与苏联在珍宝岛的冲突，苏联打算对中国进行核打击，被美国的尼克松总统干预制止了。尼克松并不是要帮中国的忙，而是怕中国与苏联的核战争污染了驻日本和韩国的美军，导致美军不得不撤出东北亚。由此，朝鲜核爆反美是它的占优策略——这是博弈论的术语，即在任何情况下都是最优的策略。

因此，朝鲜完全可以大张旗鼓地反美，不断进行核爆挑衅，并不担心美国会拿它怎么样。我们看到，在朝鲜不断升级的挑衅下，美国人基本上是无动于衷的。因为一方面是朝鲜猜透了美国人的想法——他们不敢动真格；另一方面，美国人也猜出了朝鲜的想法，知道他们知道自己的想法——这就是博弈论——你知道他知道你知道他的……这就是博弈！

既然是这样，双方都是在演戏，那么，朝鲜演这出戏是给谁看呢？答案是：演给朝鲜的老百姓看。这样，新上台的领导会树立威信——瞧瞧，咱弄得美国佬都拿咱没有办法！——还行吧！其实，在朝鲜核爆的背后存在好几个博弈呢！在这样的情况下，当朝鲜雄起的时候，美国只有处于守势，而给定美国处于守势，朝鲜当然会选择攻势——这是众所周知的胆小鬼博弈，或者叫做斗鸡博弈。而且，朝鲜玩的是边缘博弈，并且，朝鲜越是疯狂，其实是表面上看起来是疯狂，越是脱离中国或者俄罗斯的管束，边缘博弈的威慑作用就越大，不知道有多少人看出了这一点！

好了，我们看到，潜藏在博弈论精深的数学模型背后的故事是多么的精彩！每一个博弈论模型都有着一个好听的故事。本套丛书就为大家提供了更多更加好听的故事，赶快去读读吧……

蒲勇健

2013 年 3 月 20 日

重庆渝中区瑞天路雍江苑

# 前 言 细说博弈论

本书的目的是向读者介绍有关理性选择理论的一些基本洞识，这些洞识采撷自微观经济学、决策理论、博弈论和社会选择理论，以及哲学、心理学和社会学所发展的思想。

我相信，经济理论及其相关学科已经给我们提供了令人瞩目且威力巨大的诸多模型和颇具一般性的慧见，它们改变了我们思考日常生活的方式。同时，经济学在若干严格的基础方面备受诟病。首先，经济学是一个数理导向的研究领域，在很多情况下无法像自然科学所做的那样给出精确的数值预测。其次，经济学的基本假设常受攻击，在实验研究中多被证伪。最后，经济学因其经常无法处理诸如快乐和福祉、正义与公平这类重要而深刻的议题而广受批评。此外，经济学的科学或伪科学式的方法

被认定是资本主义的修辞手段，这种手段对人类的福祉和正义而言是有害无益的。

本书关注的是经受得住这些批判的一些基本洞识。理性选择模型已被证明，在涵纳狭义而言的经济理论所不能解释的众多现象上具有足够的灵活性。这些模型也为相关研究领域提供了一些重要的认识，比如政治科学、生物学和计算机科学就是这样的一些领域。由于触及了一些哲学中最为古老的问题，而且又从使用数学工具中大受其益，所以理性选择范式对于理解人与社会、经济学与国家、组织与物种的行为，看起来都是极为重要的。同样，对于社会制度以及自动系统的最优设计它也不可或缺。相应而言，这本书强调的是理性选择的范式、思考和形成概念的一般方式以及组织化原理，并不是给出一个特定的理论。

在有关经济学和它作为一门科学成功的限度，以及经济学家在社会中所扮演与应当扮演的角色这些方面的争论上，我们可以发现两方都存在着偏颇。一方面，大部分经济学家极少强调修辞手段和暗示的力量。经济学的绝大多数教师就诸如效用最大化或帕累托最优这类概念所给出的解释绝少出错。然而，他们通常不会意识到他们的学生在字里行间可能读到的信息是什么，而且有时他们会自觉地认为自己相信自己只是在进行描述而已。另一方面，经济学的批评者们通常并不会就理论和范式（paradigm）进行充分清晰的区分。他们有时候会过分夸大理论的失败，而忽略了整个研究领域，并不会对该范式的优点给予充分的关注。我希望本书可以让读者们感受到这两方面的偏误。

我不认为本书对那些可能丰富、深化了我们思维的思想和洞见一网打尽了。本书涉及的是那些对于我来说极为重要、有用且与大多数读者相关的议题。我认为每个人都应该对本书所囊括的内容有所了解，我个人偏爱生活在这样一个每个投票人都能够对这里讨论的议题有所理解的社会。在一定程度上，这也是我选材取舍的标准；议题不可太专或者只与专家有关。毋庸置疑，虽然有这样的一个标准在，但本书的选材取舍仍不免有主观臆断之嫌。

本书描述了在数理经济学中业已发展出来的内容。其中大部分以明确的数学模型出现在本科生教材里或者以一定的数学深度出现在研究生教科书和研究论文中。不过，本书的目标是从中滤出主要的洞识，并以一种高中毕业生即可领受的语言对它们进行阐释。我试着尽量不使用数学公式和专业术语。如果某些段落仍然十分技术化，我希望可以略过它们，而大体上也不致影响阅读。

　　本书有四个附录，可以帮助读者更为深入地理解本书的这些议题，但是它们对于理解主要的洞见而言并非必不可少。它们可以在本书的在线网站下载到：http://mitpress.mit.edu/rationalchoice。附录 A 对其他附录中使用到的数学概念进行了简要介绍。附录 B 则对本书中讨论的某些内容给出了严格的表述。附录 C 是一些习题，其答案在附录 D 中给出。如果本书也附上这些附录，就可以作为一本本科生课程的教科书来用。

　　对于众多老师、同事以及学生的交谈和评论，我深怀感激，他们以多种方式教我以知识，扩大我的视野。写作本书的动机源自于与 Hervé Crès 和 Eddie Dekel 两人的讨论。本书早期的版本得益于 Daron Acemoglu、Alessandro Citanna、Eva Gilboa-Schechtman、Brian Hill、Barry O'Neill、Andrew Ortony、Marion Oury 和 Tristan Tomala 以及评阅人和编辑的评论。对于 Nira Liberman、Doron Ravid、Arik Roginsky 和 Dov Shmotkin 的书目方面的帮助与评论，我深表感激。

本书在尾注中给出了一些参考文献。那些都是标准的参考文献，基本上都是第一次明确地给出现时代这一社会科学领域的思想观念，但是它们多不易得到或不够全面。因此，我在此列出若干流行的教科书，可以把它们作为学习本书那些专题的良好起点。这个列表并未穷尽这方面的全部教科书，还有很多其他优秀的教材。

**微观经济理论**

以下这些书也涵盖了不确定性下的决策、博弈论和社会选择方面的主题。标有星号的表示属于本科水平。

Kreps, David, M. 1990. *A Course in Microeconomic Theory*. Princeton, N. J.: Princeton University Press.

MasColell, Andreu, Michael D. Whinston, and Jerry R. Green. 1995. *Microeconomic Theory*. New York: Oxford University Press.

＊Pindyck, Robert S., and Daniel L. Rubinfeld. 2008. *Microeconomics*. 7th ed. Upper Saddle River, N. J.: Prentice Hall.

Rubinstein, Ariel. 2006. *Lecture Notes in Microeconomic Theory*. Princeton, N. J.: Princeton University Press.

＊Varian, Hal R. 2005. *Intermediate Microeconomics*. 7th ed. New York: W. W. Norton.

**决策理论**

＊Binmore, Ken. 2009. *Rational Decisions*. Gorman Lectures in Economics. Princeton, N. J.: Princeton University Press.

Gilboa, Itzhak. 2009. *Theory of Decision under Uncertainty*. Econometric Society Monograph Series. New York: Cambridge University Press.

Kreps, David M. 1988. *Notes on the Theory of Choice*. Boulder, Colo.: Westview Press.

Wakker, Peter P. 2010. *Prospect Theory for Risk and Ambiguity*. New York: Cambridge University Press.

**博弈论**

＊Binmore, Ken. 1992. *Fun and Games: A Text on Game Theory*. Lexington, Mass.: D. C. Heath.

Fudenberg, Drew, and Jean Tirole. 1991. *Game Theory*. Cambridge, Mass.: MIT Press.

＊Gibbons, Robert. 1992. *Game Theory for Applied Economists*. Princeton, N. J.: Princeton University Press.

Myerson, Roger B. 1991. *Game Theory: Analysis of Conflict*. Cambridge, Mass.: Harvard University Press.

Osborne, Martin J., and Ariel Rubinstein. 1994. *A Course in Game Theory*. Cambridge, Mass.: MIT Press.

**社会选择理论**

＊Feldman Allan M., and Roberto Serrano. 2006. *Welfare Economics and Social Choice Theory*. 2d ed. New York: Springer.

＊Gaertner, Wulf. 2006. *Primer in Social Choice Theory*. New York:

Oxford University Press.

    *Kelly Jerry S. 1988. *Social Choice Theory: An Introduction*. New York: Springer.

    Moulin, Herve. 1988. *Axioms of Cooperative Decision Making*. Econometric Society Monograph Series. New York: Cambridge University Press.

# 目 录

# 第一篇
## 最优化

# 1 可行性与可欲性

## 1.1 举例

**伊索①的狐狸**　　一个下午，狐狸在树林里散步，看到了一个葡萄藤，其中一枝长出了一串葡萄。

"正好可以让我解渴"，它说。

狐狸后退了几步，跳将起来，但差那么一点点够不到那串葡萄。狐狸再次往后退了几步，又跳了起来，竭力想抓住那串葡萄，可还是没有成功。最后，狐狸只好放弃，他扬起了鼻孔，说

① 伊索是公元前6世纪古希腊著名的寓言家。他与克雷洛夫、拉·封丹和莱辛并称世界四大寓言家。他曾是萨摩斯岛雅德蒙家的奴隶，曾被转卖多次，但因知识渊博，聪颖过人，最后获得自由。自由后，伊索开始环游世界，为人们讲述他的寓言故事，深受古希腊人民的喜爱。公元前5世纪末，"伊索"这个名字已是古希腊人尽皆知的名字了，当时的古希腊寓言都归在他的名下。现在常见的《伊索寓言》是后人根据拜占庭僧侣普拉努得斯搜集的寓言以及后来陆陆续续发现的古希腊寓言传抄本编订的。《狐狸和葡萄》是《伊索寓言》中的名篇之一。——译者注

道："这串葡萄一定酸得倒牙"，然后径直走了。

**格劳乔·马克斯（Groucho Marx）①的俱乐部**　　"我不希望加入一家接纳像我这样的人作为会员的俱乐部。"

**一厢情愿**　　"如果 $P$ 是 $Q$ 的原因，而 $Q$ 让人愉悦，那么 $P$ 即为真。"

## 1.2　将能（can）与想（want）分开

这些例子应该会让你莞尔一笑。第一个是一个寓言，可以追溯到公元前6世纪。它的目的更多在于讽喻，而不是幽默。另外两个例子就是笑话，但也传递出了某些信息。这些例子有一个基本的共同之处——主人公们都很愚蠢，因为主人公们混淆了可行性（feasibility）和可欲性（desirability）、能和想之间的界限。

在前两个例子里，主人公们希望的事情取决于他们所能获得的东西。伊索的狐狸显然想吃葡萄。只是当那串葡萄被证明无法得到时，狐狸才发现自己实际上并不想吃它，也就是说，葡萄太酸不值得吃。格劳乔·马克斯可能想加入一个受人尊敬的俱乐部。可接着他发现他只喜欢那些他无法加入的俱乐部。一旦某个俱乐部接纳了他，他就认为这个俱乐部不值一提。

从心理学的角度来看，伊索的狐狸比格劳乔·马克斯还是更加健康一些的。这只狐狸宣称它不想吃那些葡萄，是因为自己不能得到它，而格劳乔·马克斯不想加入，却是因为他能。如此一来，狐狸在想要和拥有之间走得更近，而格劳乔·马克斯却把它们拉开了。狐狸正是对那些为了应对挫折、失望和嫉妒而甘愿在理智上表现出不诚实的人们的辛辣讽刺。②格劳乔·马克斯则是那类饱受自我怨恨到不让自己开心的地步的人的滑稽写照。

然而，这两个例子还共有着下面这个特点：备选项的可行性影响了它的可欲性。如果一个备择项可能被选中，如果它对决策者来说是可能的，那么它就是可行的。备择项的可欲性是指决策者欲求它的程度。如此，可行性必然涉及关于这个世界的信念，而可欲性则处理的是愿望。将二者混同，就显得不理性。举个例子，如果你认为葡萄很可口，那么即便那串葡萄高高挂在了你预期的高度之外，它也仍然会是可口的美味。你如果认为一个俱乐部是

---

①　生于1890年10月2日（美国纽约），逝世于1977年8月19日（美国加州洛杉矶），马克斯三兄弟之一，美国著名电影演员。这句话是他的一句广为流传的名言。——译者注

②　这与现代有关认知不协调的归纳理论大有干系。参看 L. Festinger 的《认知不协调理论》（*A Theory of Cognitive Dissonance*）（Stanford，Calif：Stanford University press，1957）。

受人尊敬的，就当乐于加入它，然后在它接纳你之后你仍应如此。我们认为，理性要求可欲性独立于可行性而存在。

一厢情愿则指的是这样的情况：之所以认为事物的状态为真，仅仅是因为它是可欲的。认定某个选择可行，乃是因为我们喜欢这个选择，这就是一种一厢情愿的思维方式。通过为一厢情愿例子中的话赋予类似肯定前件式（modus ponens）的逻辑原理的一般化形式（"如果 $P$ 蕴含 $Q$，且 $P$ 为真，则 $Q$ 为真"），为这句话"如果 $P$ 是 $Q$ 的原因，而 $Q$ 让人愉悦，那么 $P$ 即为真"增添了不少幽默的味道，而它也可以读做"如果 $Q$ 让人愉悦，则 $Q$ 为真"。我们再次看到，根据我们有多喜欢它（或其意义所在）而判断 $Q$（或 $P$）的可行性，似乎也是非理性的。当我们分析一个问题时，我们应该独立于我们的目标和愿望而对何者可行（对我们来说是可能的）给出评判。否则就意味着无法面对现实，自欺欺人罢了。

因此，我们可以得到理性选择的基石之一，那就是在可欲性和可行性之间要有清楚的界定。通过这种清楚的界定，我们不仅表明二者可以被区分开来，而且还表明它们在因果关系上也是彼此独立的，一个不能影响另一个。　　4

## 1.3　何谓理性？

我们已经找出了理性选择的支柱之一，那就是可行性和可欲性之间的二分法。这并不是说像我们所举的那些违背它的例子在日常推理中找不到。实际上，这些例子之所以令人忍俊不禁，主要还是因为它们的确让我们联想到了那些生活中真实的影子。此外，我们应该感到心满意足的是，有一些现实的生活现象并不都需要考虑理性；否则理性就是一个空洞的术语，因为一切都可以被证明为是理性的。

那么理性到底是什么呢？答案可不是那么显而易见的。理性经常被用来表示经济学所发展的个体选择模型的汇总。这个定义大多数经济学家都接受，他们相信绝大多数经济行为人根据这个定义可以被模型化为理性的行为人。这个定义也会被多数心理学家和行为决策理论家们所接受，他们倾向于相信这些模型与数据耦合不来，因此判断人们不是理性的。这两个阵营就经济行为与理性模型有多接近这个经验问题彼此难以达成一致，但是他们却通常都认同理性的这个定义。

对于理性的不同定义，我有一个特别主观的个人偏爱。根据这一定义，对于一个给定的个人，如果他感到有一种行为模式很适合他，并不会感到尴

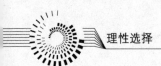

尬，即便在对他的这种行为模式进行分析时也是如此，那么这个行为模式就是理性的。比如说，如果你看不上那些愿意接纳你的俱乐部，那么我可以指出，"值得注意的是，你一直想加入这个俱乐部，直到它同意接纳你。你看不上它们是因为它们可行。如果知道只要它同意接纳你，你也会鄙视下一个俱乐部，那么你又为什么会立志寻求下一个俱乐部的接纳呢？"我预期大多数人对于格劳乔·马克斯的选择并不会感到满意。也就是说，我预期将可欲性从可行性中分离出来对于多数人来说还是合乎理性的，我更喜欢认定这一模式对他们是理性的，而不是给它们起一个非理性的名号。

我之所以喜欢理性的这个独特定义是因为我觉得它很有用。非理性的行为模式就是我试图通过和决策者进行交谈、向他解释这个理论等之后可以改变的那种行为模式。理性的行为模式则是尽管我喋喋不休地教育和劝说，它仍然保持数据中的那种行为模式。我偏爱将理性看成一个稳定的概念，或者是决策与决策者的个人标准相一致，而不是决策理论家授予某些决策者的荣誉勋章。

根据这种观点，我将在接下来的若干章里给出所谓理性选择的不同组成部分，读者们可以自取其便，以判断哪些部分与他们对理性决策制定的概念相契合。很可能会是这种情况，理性选择的原理在某些情境下可接受，而在另外一些情境下则不可接受。在这一过程中，我的目标并不是让你确定你应该以某种方式进行决策，或者大多数人是以何种方式进行决策的，而是加深你对由你以及其他人做出的选择之理解。

## 1.4 不确定性

通常你并不知道一个备择项对你是否可行，或者结果是否可欲。这些情况会使你无法将可行性与可欲性分离开来吗？答案是否定的。让我们从关于可行备择项的不确定性入手。如果我不知道我是否能做某事，那么我至少会尝试做一下它，然后信息匮乏会被反映在关于这一尝试结果的不确定性上。比如说，我可能不知道我是否能解决一个困难问题，但是我可以思考那种"试图用两个小时来解决该问题"的行为，这是我（大概）能选择的，然后我就有了关于这一行为之结果的不确定性，而不是关于其可行性的不确定性。如此，只要我们关于其可行性的信念独立于可欲性而得到判定，那么不知道某事是否可行就不再有什么不可逾越的困难存在。

接下来考虑可欲性方面的不确定性。假设我在一天的最后时间来到市

场。我只看到一盒草莓还在卖。我会要它吗？嗯，我可能会怀疑如果只剩下唯一的一盒没有被卖，那么这盒草莓可能有不好的地方。也许其他卖者已经检验过它，然后出于一个很合理的理由把它剩下了。当然，我无法确定这就是这盒草莓仍在售卖的原因所在。但是它仍留在市场上的事实是一个关于其质量如何的信号。如果将此优先加以考虑，那么我可能会决定结束这次逛市场的时间；如果我发现还有任何其他东西在卖，那么这盒草莓就不值得购买。

听起来这和格劳乔·马克斯的情况是一样的。在两种情况下，决策者都决定不选择备择项，就因为它是可行的。但是这种相似只是表面的相似。在市场例子里，我关于草莓的偏好与可行的备择项是内在独立的。在出现不确定性时，如果我可以就其他消费者的行为做出一些合理的假设，那么我就能从它是可行的这一事实中推断出有关该商品质量的某些信息。也就是说，在可行性和可欲性之间的联系并不是直接的因果联系；它是由信息作为中介的。如果我们已知这盒草莓的质量，那么它仍然在售卖这一事实并不会改变我对它的可欲性。

在本章和接下来两章里，我讨论那些其结果确定可知的备选项。稍后，我再来讨论那些存在不确定性的决策。我们首先来看决策者可以取得的备选项，但是它们的结果并不必然在决策制定时可知。然后，我们必须要对可行性和可欲性之间的二分法进行精炼，对以下三个概念进行区分：可行（feasible）、可能（possible）和可欲（desirable）。术语可行仍然是指决策者能决定做什么，而可能则意味着"可能发生但并不是作为决策者选择的结果发生"。术语行为（acts）通常被用来指决策者的可行选择，而状态（states）（"自然的状态"或"世界的状态"）表示那些可能的情境，对这些情境的选择并不在决策者的控制之内。这一选择可以由其他决策者或者由"自然"——随机性或机遇的一个绰号而已——而非决策者自己来做出。

在确定性条件下，关键在可行性和可欲性之间差别的重要性上。在不确定性条件下，对行为和状态的区分或可行性和可能性之间的区分也同样重要。当人们错误地假设他们可以控制那些实际上并不是由他们做出的选择时，他们常常会得出错误的结论。

## 1.5 禅与荒诞

可欲性应当独立于可行性这一点是否真的就这么一目了然呢？似乎有很

多这样的情况，于其间我们之所以希望出现某种确定之事，正是因为它们可以达致或者不可达致，而这些情况却不像格劳乔·马克斯的话那样有趣。例如，我们假想一个数学家正试图解决一些难题。她对那些细小的问题不感兴趣，觉得"不好玩"而予以忽略，从而希求正确求解那些到现在还困扰她的问题。在这种意义上，这位数学家与那种看到了山只是因为还没有攀登过就想登顶的登山者很类似；或者，与那些想把其他国家添加在他的征服对象行列的帝国主义者相类似；又或者，和试图再次打破他自己保持的纪录的运动员很接近。事实上，我们身边似乎总是有一些人们，他们设定目标，恰恰是因为这些目标不可达致，而一旦被证明这些目标可行他们就丧失了兴趣。所有这些被加缪（Camus）认为"荒诞"的特征都属于此类。

你也会发现有一些人，他们告诉你目标并非真正重要，重要的是道路。禅哲学可能会是这类思想的灵感之源。如果你对达致目标的某一道路而不是目标自身感兴趣，那么你会偏爱不可达致的目标。也就是说，它之所以可欲，乃是因为它并不可行。

这些例子混淆了可欲性和可行性吗？不一定。在这几个例子里有几个与众不同的争论之点，将其中一些纳入关于理性的标准模型很简单，只要所给出的备选项是恰当定义的即可。先来假定你看到我在狼吞虎咽地吃花生。你是否会得出结论认为我很享受将很多花生塞在胃里呢？可能不会。更合理的假设是，我可以从花生的味道中得到愉悦，而不是从它们留在我胃里的重量来得到愉悦。也就是说，我喜欢吃花生这种行为胜过吃进花生的状态。同样，我可以享受在池塘游泳或者在树林里散步，却并不打算去任何地方。

接下来我们来看这样一位旅行者，他希望尽可能地造访更多的地方。他很享受旅行，不会从每日在树林里散步得到愉悦感。他发现一处已知的所在要比一个陌生的地方要更不值得追求。不过，他不会寻找一个新的所在，因为到那里可能是不可行的；他只是简单地享受着这种发现，这种第一次到达某地的感觉。这种现象也在先前所述的理性选择范围之内。与吃花生的例子一样，效用的载体是行为而不是最终的状态。在这个例子里同样导源于行为的愉悦对于历史情况有所依赖。

数学家的例子稍显复杂。与吃花生的例子相同的是，这位数学家享受的是行为而不是状态。与旅行者的例子一样的是，这位数学家也在寻求发现的乐趣，享受着第一次行为。但是与前面这些例子相反的是，这位数学家更为期待答案的出现，而且题目越难，她就越是期待。也就是说，越是乍看上去不可行的，她越是从中能够享受到征服欲得到满足的美妙。那么，又该如何将她与格劳乔·马克斯区分开来呢？

答案并不是那么一目了然。我们可能认为数学家像运动员一样，享受某种运动，而不能从那些不需要努力的运动中得到愉悦。根据这种说法，他们并不希求成功，因为成功并不是可行的；他们只是需要感受到他们肌肉的收缩，以及与此相类似，只是需要享受到解决之法。此外，你可以判定选择数学家或运动员的职业生涯是否对你来说足够理性。通常情况下，你也需就何者适合于你做出最后决策。

## 1.6 论理论和范式

前面两节看起来都颇为智巧。我们不是承认关于将可欲性从可行性中分离出来的理性的定义如何有局限，而是提出了对概念的诸多再定义，以图拯救我们所欲改善的原理。这样做是否诚实呢？是不是还有其他一些这样的事物，即通过某种对术语的适当再定义而不能将该事物归类为理性的？

理论被认为是可以被推翻的，当它们被推翻时，我们应该足够诚实地承认这一点。不过，我们尝试推销的商品并不是一个特定的理论，而是一个范式，一个思想体系，一种在我们的大脑中组织这个世界的方式。范式由某些稍微有些正式、理想化的术语（idealized terms）构成，而且它与一个特定理论相反的是，它为这些术语映照到真实生活现象的方式上留出一些自由度。如此一来，带给那位数学家愉悦的事物，可以充分灵活地从"有能力证明一个定理"转变到"为以前尚未认识的定理提供一个证明"。

综览本书，还有很多这类再定义的例子。即便在理性选择的某些特定理论不奏效时，理性选择范式也通常是有用而且富有智识的。事实上，这正是本书叫做《理性选择》而不是更为普遍的"理性选择理论"的原因：在社会科学中，通常很难提出既有用又精确的理论。但是，有很多慧见和组织原理改变了我们思考世界的方式。本书所关注的正是后者。

# 2 效用最大化

## 2.1 例子

[安坐在一个桌子旁。她的姐姐芭芭拉进来了。]

芭芭拉：嗨，怎么啦？

安：没什么。

芭芭拉：可是你很沮丧呀。

安：没有，我没有。

芭芭拉：拜托，我再了解你不过了。我确定一定以及肯定你很沮丧，好不好？

安：我不沮丧，只是……

芭芭拉：……喔？

安：嗯，你不要告诉其他人，好吗？

芭芭拉：当然不会，你尽管相信我，我是你大姐呀！

安：我能像相信巧克力那样相信你吗？

芭芭拉：哦，别傻了，那时候我们还是孩子，现在都长大了，好不好？

[两人相视而笑。]

安：嗯，事情是这样的，有三个男孩子都想和我约会，我拿不定主意。

芭芭拉：我明白了。嗯，在这方面我有一些经验。你喜欢他们吗？

安：嗯。

芭芭拉：三个都喜欢？

安：嗯。

芭芭拉：你对这事不是很认真，是吗？

安：这是什么话？咋不这样说呢，我的小妹真是很棒嘞，她总是能够吸引周边那些最优秀的男孩？

芭芭拉：当然，当然，我也这样认为。总而言之，你是不是他们三个都喜欢呀？

安：是的，是有点，你知道，万事总有优劣短长，没有人是完美的。

芭芭拉：你爱上其中哪一个了吗？

安：我不知道，我想是爱上了吧，我的意思是说我对于每个人，都爱上了他的一些方面。

芭芭拉：那就说明你并没有爱上其中哪一个。

安：可能是吧。可我还是不想一个人孤孤单单的。如果我一直不能相爱我该怎么办啊？

芭芭拉：好吧，我是这样想的：你坐下来，然后给他们每一个打分。哪个男孩更好一些，分数就更高。然后你选出分数最高的那个男孩。

安：听起来有点疯狂。你这是过去在学校学到的吗？

芭芭拉：是的，我们把它叫做效用最大化。

安：听起来就好像是你在商学院里学到的那些东东。如何最大化你的效用，棒极了。这门课是不是叫"如何使用并滥用你的男友"啊？

芭芭拉：为什么说"滥用"啊？你到底在想什么呢？

安：只是听你用到的词：效用啦，最大化啦——听起来很是冷酷，很是无情！他们是不是还教你如何选一个家境富裕或者他老爸手眼通天的男孩子出来呀？

芭芭拉：不是……

安：我们谈论的是爱情，不是金钱！这都是关于人、关系和感情的事

情，可不是关于股票，关于……

[她开始哭了起来。]

芭芭拉：少安毋躁，冷静一下，好吗？首先，他们并没有叫我选择一个那样的男友；它是商学院，不是暑期夏令营。我只是在想这个想法挺好，它可以告诉我们该怎样做决策。其次，我觉得你被这表面的语言给带着走了。

安：是的，的确是这样的，如果我认为你不是地球上最伟大的天才，那么我是会被语言给带着走的。

*12*　　芭芭拉：不，我不是这个意思，你能给我一个机会解释吗？

[安默然无语，不过很显然她愿意倾听。]

芭芭拉：我拜托你不要过于激动，也不要将太多意义附在一些特定的用词上面——也就是我说的修辞方式：忘掉那些术语，只想它的内容。

安：好吧，我在听。但是帮个忙，请不要像上次那样又臭又长，还用导数好不啦，我啥也听不懂。

芭芭拉：不要担心，这次纯粹是关于概念的，而且很短。

安：好，那你说吧！

芭芭拉：在这些候选人的每一对之间考虑你的选择。

安："候选人"！这不是政治好不啦！

芭芭拉：你看，你看，又来了。你得把所有词语忘掉，只感受其内容好不好。如果我称他们是候选人或者选择或者男孩子或者备选项，你觉得有差别吗？

安：你怎么指称人是很重要的。语言也会对我们思考的方式有所影响。你把他们看成备选项，我马上就会开始想他们每一个都是可有可无的。

芭芭拉：我明白你的意思了。实际上，我也很同意你的看法。严肃地说，我认为你刚才所说内涵很深。我怀疑由于对词语的贫乏选择，经济学家们是不是原本不该遭受那么多不必要的批评。

安：并不是不必要。你刚才同意语言自有其威力。

芭芭拉：我是说，不必要是在这样的意义上来说的：这些经济学家所说之事的确非常切合实际，但由于他们经常选择那些拒人于千里之外的语言而使人们不想倾听他们到底在说什么。

安：好吧，不过我已经长大成人，而且头脑开明，我想倾听。

芭芭拉：那么好，考虑你在任意一对男孩子之间的选择。

安：任意一对？

芭芭拉：这里有三个男孩子，那你就有三对可比较。如果有四个男孩子，你会有六对，有五个男孩子，就有十对，如此等等。

安：你答应过不用导数的哦。

芭芭拉：导数？用导数的那是微积分。这是排列组合。

安：你明白我的意思。

芭芭拉：好吧，那现在取三对——来看 $a$-$b$，$b$-$c$，$a$-$c$。

安：我来想想看。

芭芭拉：你在其中任何两者之间能够进行选择吗？

安：是的，当然可以，这正是我打算做的事情。

芭芭拉：我们称这叫做完备性（completeness）。意思是说，你总能做出一个选择，你的偏好是完备的。

安：那如果我发现其中两个正好一样好怎么办？

芭芭拉：平局也是可以的。你可以说你在他们两人之间无差异；每一个人都和另外一个一样好。然后你可以选出在你脑海中第一个跳出来的，但你不能在之后的选择中对此做出改变。顺便说一下，对你那些男孩子也一样如此。

安：嗯？

芭芭拉：否则你就把他们当傻子啦。你可以说是和否，先是你，然后是他，然后是可能。举个例子，你知道弗朗兹·卡夫卡（Franz Kafka）曾两次和同一个女人订婚又两次都取消了婚事吗？

安：真的吗？

芭芭拉：是啊，这事的确不会让他的那个女人高兴。

安：他为什么要这样做？

芭芭拉：嗯，他就是没有能力下决定。关于这一点，没有啥浪漫好讲的。

安：好吧，我明白了。

芭芭拉：好。现在，你在这些对之间的选择是可传递的（transitive）吗？

安：你说啥？

芭芭拉：可传递。意思是说，如果你认为 $a$ 至少和 $b$ 一样好，$b$ 至少和 $c$ 一样好，那你会认为 $a$ 至少和 $c$ 一样。

安：我想是这样的呀。

芭芭拉：那好，你想做出的就是这样的决策！

安：现在我们继续吧。聪明的大姐要告诉安她要什么。

13

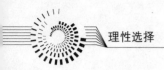

芭芭拉：不不不，不是因为我是你的大姐，也不是因为我够聪明，尽管我的确是你聪明的大姐。

［安眼珠转动。］

芭芭拉：你希望选择具有可传递性，因为否则的话你会正和 $c$ 约会，却转向 $b$；然后正和 $b$ 约会，却转向 $a$；再然后你会把 $a$ 送走，又回到 $c$ 身边，如此下去，直到你对他们都腻烦了为止。如果你的选择不是可传递的，那你对所有这些牵涉的男孩子都是很残酷的，而如果他们有哪怕一点骨气的话，你也会让自己痛苦不堪。

安：哦，我想属意于某人，就是对他人的残酷吧。

芭芭拉：我这么说过？

安：达蓬特（Da Ponte）说的，他把这话安在了唐璜（Don Giovanni）身上。①

芭芭拉：哦，好吧。我担心我是不是太诚实了。

安：有趣极了。

芭芭拉：不过你确实击中了要害——如果你既不想像卡夫卡那样犹豫不决，又不想像唐璜那样反复无常，那么你就得让你的选择满足完备性和可传递性。

安：好吧，先假定我是这样的。对我老姐我还有什么不可以这样做的！

芭芭拉：关键在于，如果你的偏好既满足完备性又满足了可传递性，那么就好像你在最大化一个效用函数。

安：［满脸狐疑］函数？这是不是和导数大大有关呀？

芭芭拉：［莞尔一笑］在微积分里它可能会有导数。但是我所说的是一个规则，一种将数值赋予备择项的方法。

安：方法是什么？不是方法的又是什么？

芭芭拉：就像在思考一张表格，其中一列你列出所有备择项的名称，另一列你为它们各自附上一个数值。

安：如果你说是一个表格，那么你为什么叫它函数呢？有时候我觉得你真的是不想让我理解你在说什么。

芭芭拉：抱歉。不要这么看我好吧，我真的想让你明白我的话。它之所以被称为函数，是因为它有时候不能用一张表格来表示，而只能用一个公式

---

① 达蓬特，莫扎特歌剧《唐璜》的剧作者。唐璜是这幕歌剧的主角。——译者注

来表示。你知道，我们可以写 $2x$，而不是为每个 $x$ 值再赋予一个值，然后罗列出来。

安：好吧。可是我能把函数看成一个表格吗？

芭芭拉：当然，你可以把它看成一个取值表，不过有时候用公式来描述更简洁。

安：好极了。可是你要一个函数做什么呢？

芭芭拉：你真是爱死缠烂打，我差点忘了我一开始为什么提到函数了。不过我觉得是该说说它了。我的意思是，如果你的偏好是完备且可传递的，则我能够把你看成好像是在最大化一个效用函数。

安：好像？但我不是。

芭芭拉：嗯，随你吧。但是我们可以先认同现在这只是一个表达上的问题。我们可以说"安通过最大化一个效用函数在她的备择项上进行选择"，我们也可以说"安是以一种完备且可传递的方式，或是以一种有决断且忠诚的方式在选择和谁约会"，而这两个陈述表达的是同一件事。它是一个数学定理。

安：啥？

芭芭拉：就是说如果你有一个偏好——一种比较备择项对的方法，它是完备且可传递的，那么它就可以由一个效用函数来表示，因此在任何两个备择项之间具有较高效用的那个都会被选中。

安：总可以找到一个效用函数吗？

芭芭拉：是的，至少如果你有有限多个备择项时是这样的。而且，即便像你这样漂亮，我想也不会有无穷多个追求者吧。

安：你真是太聪明了。

芭芭拉：怎么样，超过你想象了吧。还有更聪明的。我不仅可以看着你说"安是在最大化一个效用函数"，完全不认为你有啥不好的地方，我甚至还可以告诉你，寻找一个效用函数并最大化该函数是我所知道的能够确保你在偏好上是完备和可传递的唯一方法。

安：所以你很认真地建议我应该给每个男孩赋一个数值——如果可以让你觉得满意那就把它称做效用吧，然后选择那个具有最高数值的家伙。

芭芭拉：是的，正是此意。

安：可是我真的很不喜欢效用这个词。它让我想起了汽油、电量或者有线电视，而不是爱情。

芭芭拉：那我们称它为支付（payoff）咋样？

安：支付就是当你赌马时你所能得到的东西，或者当你被黑手党干掉的时候你所得到的东西吧。

芭芭拉：怎么称呼都可以，随你喜欢。我认为我们不需要对名称赋予太大的重要性。就对你的备择项赋予一个值吧。

安：可我真的搞不懂我会怎么做。我怎么才能明白鲍勃是否应该得到一个比吉姆更高的数值呢？

芭芭拉：这得问你自己，看你更喜欢哪一个？

安：可是这正是问题所在呀，我并不知道我更喜欢哪一个呀！

［芭芭拉默然无语了。］

安：我是说，这应该是你首先帮我筛选出来的，不是吗？

芭芭拉：你把我问住了，你知道吗？我得好好想想。

## 2.2　两个要点

前一节的例子说明了两个重要之点。第一个重要之点，像效用和最大化这样的词语不应该让你兴致全无。它们并没有排除情感上的决策制定，爱与恨，动机的高尚或卑贱。我们说某人在最大化一个效用函数，只是说她在她所做的选择上是一致的。特雷萨修女（Mother Teresa）可能也可以被描述为在最大化这个世界上健康孩子的数量。也就是说，她在最大化某个函数。阿道夫·希特勒试图最大化德国雅利安人种的百分比。他也在最大化一个函数。认为特雷萨修女和阿道夫·希特勒都是效用最大化者只是在说他们每一个都在以一种一致性的方式追求一个目标。这并不意味着两人在伦理判断、品格或其他诸如此类的方面是平起平坐的。你可能钦佩特雷萨修女的效用函数，而憎恶阿道夫·希特勒的效用函数。效用最大化这个概念为所有这些态度留出了空间。

第二个重要之点，是在对话结尾给出来的，那就是它并不总是有助于去最大化一个效用函数。在这个问题中如若没有其他额外的结构，则对话中所提到的数学上的等价性所留给我们的并不比我们开始出发时所讨论的多什么东西。

这个对话涉及一个定理，它是说，当且仅当可以被一个函数（一个效用函数）的最大化所描述的时，备择项对之间的比较才是完备且可传递的。附录 B 提供了数学细节以及这个定理的两个正式版本。我现在开始对这个定理进行解释。

## 2.3 解释

附录 B 中的定理有三类解释。第一类涉及效用最大化理论的规范性应用，也就是说，那些推荐了多个行为模式给决策者的理论应用。第二类处理的是描述性应用，也即理论可以被解释为尝试着描述真实或预测行为的那些情况。第三类，这个定理还可以以一种元科学的方式进行解释，把它解释成定义理论术语的一种方式。

17

### 2.3.1 规范性

规范性科学指的是科学家的活动，比如决策和博弈理论家、经济学家以及政治科学家这些人，他们对某些听众发表讲演，向他们建议应该怎么做。听众可能是一个在选择其退休计划的单个的决策者，也可能是一个在起草宪法的国家。关于规范性科学的主要之点在于，它并不负责描述现实，而是为了改变它。规范性科学并不试图去说明情况是什么样的，而是试图去说明它们应该怎么样。

等一下，可能有人要想，科学家是怎么知道的呢？她又是从哪里得到的权威呢？告诉人们该怎么生活或者向社会宣扬该遵守何种法律，她难道不是有点太狂妄自大了吗？

这确实是个好问题。有时候人们忘记了对一个社会科学家我们能够期待什么、不能期待什么。我们都同意，社会科学家不是宗教布道者，他们也不具有任何外部的权威来源。社会科学家所能做的一切只是帮助决策者思考什么最适合他们。分析问题、使用一般性规则以及特定的类比、就经验和实验发现援引数学定理，科学家由此可以尝试着让决策者相信他们应做出与他们所做出的决策不一样的决策。但是，最终必须做出决策的是决策者本人——需要决定采取哪一种退休计划的工人，需要为宪法草案进行投票的国家。

如果我们认为规范性科学家的作用就是让决策者相信他们应以某种方式来做出行为，那么科学家们又有哪些工具在手呢？她如何才能让其他人信服？

原则上来说，我们可以使用一切辩论策略来说服他人。但是先让我们假设（可能不现实）科学家并没有不可告人的动机，她确实是想让决策者做得更好。她不打算说服决策者购买她的软件，或者继续订购她的服务。她想

*18* 让决策者相信她之所教，甚至在数年之后认为他从她那里学到了很多。因此，科学家并不打算借助修辞上的技巧以便赢得特定的某场辩论；她只是想运用修辞工具来提供一些稳健的结论。值得注意的是，我是以一种与通常略有不同的方式来使用修辞这个词的；这种用法里修辞不必然是消极的含义。为了更形象准确，我们可以区分消极修辞和积极修辞。消极修辞指的是一些可能会让我们输掉辩论的诀窍，要不是这种修辞，我们本可在辩论之后次日清晨收到很多美好的祝贺之语。积极修辞指的是那种让我们从不同的角度看待问题的论证类型。大体而言，积极修辞由你能从辩论中取得的手段构成，而后用于让除了你之外的其他人也信服你的观点。

数学就是这样的手段。我们再来看效用最大化这个主题。如果一个科学家告诉决策者最大化一个效用函数，那么她的建议可能显得很奇怪。但是如果她建议决策应该根据完备性和可传递性公理而予以制定，那么她的建议看起来会具有较少的争议性，当然可能还是会有一些争议性。那么，这个定理就可以被援引过来用于说明和证明，无论是谁，只要他认可这些公理，那么他就应当也认同这一结论。接受这些公理，却拒绝其推理之含义，是令人感到颇不可思议的事情。

总结一下，对该定理的第一类解释是规范性的；它有助于使得决策者（也包括我们自己）相信，实际上其将会根据一种特定的决策模型来行动。

### 2.3.2 描述性

社会科学中的理论通常试图成为现实的摹本。它们可以更好地理解现象，给出更加有效的预测，而不是试图改变现实。这类解释被称为描述性解释。如果这就是我们构思效用最大化理论的初衷的话，那么这个定理又教给我们什么了呢？毕竟，它只是一个等价性的结论。因此，它并没有就现实说出什么新东西；它只是对行为的同一模式给出不同表达形式而已。

实际上，如果一个理论可以给出具体的预测，而且它可以由这些预测的精准度来予以判别的话，那么根据定义该理论不同的数学表达形式将具有一样的精准度。但是即便在自然科学中，在这个我们能够找到大获成功的具体理论的领域，理论的择取不仅立基于它们的精准度，而且也立基于诸如简洁 *19* 性和一般性这些其他的标准。这些标准，还有其他一些，都取决于表达本身。一个理论可以以一种复杂的形式出现，也可以以另一种简约的形式出现。同样，重新表述一个理论可以表明它比之前的理论有着更大的一般性，因为在新的形式中它本身包含了被认为完全不同的各种理论。

在像社会科学这样的领域中理论通常并不能给出具体的预测而只能提供思考的方式和一些一般性的洞识，因此同一理论的不同表达可能会显得更为重要。当我们把理论理解为范式时，会发现它们的相关程度和适用程度取决于我们对它们合理性的直观判断。举个例子，我后面会讨论自由市场以及经济学家喜欢自由市场的原因。对市场最优性（或有效性）的论证依赖于效用最大化的概念。如果我告诉你我相信大部分人都在最大化一个效用函数，那么你可能会认为我疯了。但是如果我这样说来重新描述这同一个理论——我相信大部分人都满足完备性和可传递性，那么我的主张可能会显得更合理一些。这样一来，你相信我的主张精准度的程度取决于我们如何表达它。我们的理论越是不精准，我们越是依赖直觉和定性的论证，数理分析也就越重要，这容许我们以多种方式来看待理论。

### 2.3.3　元科学

最后，2.2 节中表述的定理可以看成将理论术语效用与可观察到的术语选择联系了起来。这和科学哲学中逻辑实证主义是一脉相承的，这派哲学家认为理论概念的意义在其可观察的表现之中。尽管这一观点在科学哲学内部业已受到批判，但是在开展科学工作以及在日常生活和政治辩论中，它仍然是一个不错的指导原则。在我们开始论证之前，问一问词语的确切含义总是一个不错的主意。我们可能会发现，用不同的名称来指代同一件事情，或者用同一个词来表达完全不同的观念，于我们是常有之事。在我们所给的情况里，该定理说的是效用的含义所在：根据这个显示偏好范式，效用是其最大值与决策者的选择相兼容的函数。特别地，这意味着根据观察结果等价的两个效用函数不应被视为不同，我们不应浪费时间和精力来试图判定哪一个是正确的。

## 2.4　测量问题

如果我们认为可观察的选择行为定义了效用的理论概念，那么我们可以这么问：这个效用函数与数据唯一相合吗？或者，给定某一选择数据，由于不同函数中每一个都给出了经由效用最大化而做出的她的选择的描述，会有不同的函数可以被称为决策者的效用函数吗？

无论何时，只要我们试图测度一个确定的数量，唯一性问题就会出现。典型地，一个测量函数不可能是唯一的，因为测量单位至关重要。例如，我们可以通过克、千克或盎司来测量重量。而说一个物体的重量是 5 是没有意

义的，除非我们能够给出测量单位，从而得到诸如 5 克或 5 盎司这样更有意义的测量结果。如果我们使用克来测量重量，那么我们可以将所有数乘以 0.001，而得到和使用千克测量重量同样的结果。任何一个合理的理论既可以用克来表述，也应该可以用千克来重新表述。同样的道理可以运用到长度上，我们可以用米、分米、英尺等来衡量。这样一来，所有的物理量都可以至少以一种自由度来进行测量，也就是，可以选择至少一种测量单位。

在有些情况下，我们甚至在刻度的选择上还有更多自由。我们不仅可以选择测量单位，而且可以选择零刻度的位置。我们来看温度，华氏度和摄氏度不仅在测量单位上不同，也即"一度"的含义不同，而且在被称为零的温度的定义上也不同。地表的高度是另外一个例子，我们已经选定的地表高度是相对于海平面高度是多少，但是我们本可以选另外一个零高度水平。

当考虑到效用测量问题时，我们几乎无法想象能够拥有比物理量测量上更少的自由度。例如，我们不能期望说"我从这场电影中得到的效用是 6"。如果我们有一个测量效用的函数，那么我们可以将它乘以任意一个正数，而得到另外一个也在测量效用的函数。此外，正如温度那个例子的情况那样，我们可能也可以判定何者为零。换言之，给定一个效用函数，我们可以增添某个数字到所有值上，而不会改变丝毫意义。转换的两种形式——改变测量单位（乘以一个正数）以及移动刻度（增添一个数字）——一起容许我们可以对效用函数采取任意的递增线性变换，以便为了使同一个决策者取得另外一个效用函数。的确，存在于温度测量中的相同的自由度也会在效用测量中呈现，这一点看来是自然而然之事。

但是对效用的测量，我们甚至有比温度更大的自由度。如果效用意味着"可以被最大化的函数"，那么任何递增变化即便不是线性的也具有同样的可观察的含义。效用函数可以从选择行为中得到测量，据称它只能是序数的：指定具体的函数值不应有特殊意义，只有顺序才重要。这样一来，如果 $a$ 具有比 $b$ 更高的效用，那么 $b$ 就具有比 $c$ 更高的效用，如果我们将它们的值分别设为（10，1，0）、（10，9，0）和（90，54，2），那么我们就可以得到同样的观察涵义。第一个备择项可以赋值 10 或 90，也可以赋值 10 或 88，这都不具有可观察的意义。同样，效用落点在 $a$ 和 $b$ 之间还是 $b$ 和 $c$ 之间，对其进行比较也不具有可观察的意义。效用值仅仅意味着第一个备择项比第二

21

个更受偏爱，而两者都比第三个更受偏爱。任何递减的三元数组都可以描述这一关系，因此任何递减的三元数组也都可以成为这个决策者的效用函数。

也有其他一些数据来源可以帮助我们设定具有更少自由度的效用函数。例如，如果我们期望该函数可以用于代数计算，而不仅是进行二元比较，那么根据观察而被认为等价的效用函数族就会大大缩小。在第 4 章，我会讨论这样一个理论：效用函数将会用于对期望的计算，它就像温度测量一样独一无二。另外，如果我们有关于选择之概率的更多数据，那么我们也可以确定具有更少自由度的效用函数。不过回忆一下效用函数并不会以一种方式来予以定义尤其是为该函数乘以一个正数即可得到另外一个函数，这个事实还是很重要的，根据大部分模型，从观测结果上看，它们是等价的。

## 2.5  效用和负效用（Disutility）

通常，我们思考负效用的最小化而不是效用的最大化显得更为自然。这两者并不必然是同义的。心理学在寻求快乐和避免痛苦的活动之间做出了区分。比如说，当你打算对去参加哪场音乐会做出决定时，将你的行为描述为效用最大化就显得极为自然。与之相比，当你买头疼药时，最小化负效用似乎是对你的行为更为直观的描述。此外，还有一些决策模式，在这两类活动之间也有所差别。我们可以认为，寻求快乐的活动具有正的效用值，而避免痛苦的活动具有负的效用值。在这样的模型里，效用具有一个有意义的零值，通过增加一个常数来移动效用函数，不会描述同样一个行为。不过，这两类动机之间的互动是否可以由在正的和负的效用刻度区间上推导不同的决策规则来充分体现，也还并不清楚。

重要的是，关于选择行为的数据可能还不能充分地告知一个问题是否是效用最大化或负效用最小化的。当你偏爱备选项 a 胜过 b 时，a 比 b 给你更多快乐，或 a 比 b 带给你更少痛苦都是可能的。简而言之，有很多情况，其中寻求快乐和避免痛苦之间的区分即便对所涉及的个体而言也不是显而易见的。我们为了填饱肚子而进食，但是我们也可以享受食物之美味。我们需要衣服和避身之处来避免痛苦，但是我们也可以从中得到愉悦，只要它们是充满美感和实用价值的。

这样一来，这两类动机之间的区别就不总是那么清晰可见的，因为选择数据往往很难被区分。幸运的是，在很多情况下，这种区分对于描述和预测选择来说并不是必不可少的。如果面对 a 和 b 之间的选择你一致性地选择前

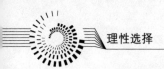

者，那么我为了预测在下一个机会下的情况并不需要了解是什么驱动你做出这样的选择。出于这些原因，经典的决策理论并不在效用最大化和负效用最小化之间做出区分。不过，在某些问题上我们可能希望深入了解决策者的动机，并可能将寻求快乐和避免痛苦区别对待，将这一点铭记于心还是颇有裨益的。

23

# 3  约束最优化

## 3.1  一般性框架

第 1 章的讨论得到的结论是，理性选择应该在可行和可欲之间进行区分。第 2 章告诉我们，对于一个精心选择的效用函数来说，可欲意味着"有着更高的效用"。综合二者，我们可以得到一个约束最优化的理性选择模型，也即给定约束条件选择一个可以最大化效用（或目标函数或支付函数）的备选项。

在一个问题的规划上，我们可能需要区分三个阶段：

（1）设定决策变量——哪些变量在决策者的控制之下？

（2）设定约束条件——变量取值的哪些组合是可行的？

（3）规定目标任务——决策者意欲最大化（最小化）哪个效用（负效用）函数？

举个例子，一家企业可能发现它的决策变量是投入和产出的数量；它的约束条件由生产技术给出；其目标任务是在给定投入和产出的市场价格条件下最大化利润。再比如一个试图减肥的人，他的决策变量可能是所消费的不同食物的量；他的约束条件可能是确保适当的营养；他的目标任务是最小化卡路里的摄入。

严谨地表示的话，约束最优化问题可以写为

最大化效用函数

受限于

决策变量需满足约束条件

我们会看到在一个良好定义的约束最优化问题中，可能存在多个约束条件，它们一起定义了可行集，但是只有一个目标函数（一个需要最大化的效用函数或需要最小化的负效用函数）。显然，在现实中，我们常常有多个目标，评价一个决策也有多个标准。但是只要这些标准不是在一个单一的目标函数中进行权衡，决策者的目标就不是被适当定义的。第 2 章提到的完备性公理要求决策者在任何两个备选项之间具有偏好，这隐性地定义了不同目标之间的可权衡性。

在现实生活中，目标和约束条件之间的区别并不像我们想象的那样清楚。假定你打算买一辆车。你关心的是这辆车的性能、价格、安全等。基本上来说，你会购买你想要的一款车，尽量使得你的可行集变得更大，将所有可能的考虑全部引入你的效用函数。但是这要求你知道如何以一种数理方式尽心权衡，为了多一单位性能你打算放弃多少安全，为多一单位安全你打算多付多少金钱等。你可能会发现这些问题很难回答。你甚至会感觉选择一款你最喜欢的车要比将所有需要进行数理权衡的事项全部给出更加简单。的确，有时候你在未能将所有备选项的对（pairs）全部进行排序或者未能给出运用于所有备选项的数学定义的情况下，你已经知道自己偏爱什么了。

然而，如果你并不确定你所偏好的选择，那么你可能会决定将你的一些目标纳入到约束条件中去。例如，你会说你需要这款车至少符合某个安全下限，然后在指定你的效用函数上忽略这个安全标准。另外还比如，你可以要求这款车的花费不要超过某个确定的数量，其性能要在某个确定水平之上，然后再来寻找那些满足这些约束条件的车。

如果你的确把某一标准归入到了约束条件中去的话，那么这会使得约束条件变得更重要还是更不重要呢？例如，我们可以对选车问题的两种表达进行比较：

(1) 最大化　　　安全

　　　受限于　　　价格≤$P$

以及

(2) 最小化　　　价格

　　　受限于　　　安全≥$S$

哪个表达更关注安全呢？

答案是它取决于 $P$ 和 $S$ 的值。例如，如果 $P=\$300\,000$，那么你会说 (1) 中的个体重视安全实在过了头。这个个体可能是在买一辆坦克吧。不过，如果 $P=\$3\,000$，那 (1) 中的个体主要关心的还是金钱，他显然愿意让他的生命冒上一点点的风险。

效用函数将所有标准都加以考虑，但是它还是会为调和折中留出空间。另外，约束条件是有二分性的：它不可折中，可一旦一个选项满足了约束条件，则满足的程度就不再重要。

决策问题的表达可以是一个动态过程，在这个过程里你可以看到一个既有的模型，将它与你的直觉相对比，你可能会决定改变其表达形式。例如，你可能会以一束标准绝对是必不可少的来开始。比如说，你在找一间公寓，毫无疑问，它应该位于城市中心、够大、够舒适，又不贵。那么你发现这些约束条件留给你的只是一个可行选项的空集。因此你要学着调和折中，也即得学着妥协，放松一些假设，或者将它们移入效用函数。例如，为了满足其他约束，你在选择公寓时可能会询问其离城市中心大概有多远。

然而，将可行性和可欲性之间的区别铭记在心还是很重要的。在一个数理模型中，将效用的某个标准指定为"约束条件"可能会很有好处，但是这应该只被看成帮助削减相关备选项集的一种颇具启发的方式，它可以简化对效用函数的设定。

## 3.2　举例：消费者问题

举一个例子，假设有一个消费者要决定购买的每一种商品的数量，只要他的总支出不超过他的收入即可。为了简单起见，我们假设只有两种商品。

决策变量为 $x$ 和 $y$，其中 $x$ 表示对商品 1 的消费量，$y$ 表示对商品 2 的消费量。消费者的收入为 $I$，他面对的价格为 $p_x$，$p_y$。具体而言，一单位商品 1 会花费 $p_x$ 美元，一单位商品 2 会花费 $p_y$ 美元。

注意到这种表达假设价格和收入都不是决策变量。可以这样说，它们都在该等式的可行性那一边。消费者会希望面对更低的价格或具有更高的收入，但是这归根到底无非是一种一厢情愿的想法而已。

可能这一限制太过严苛。如果他决定工作更多时间，那么消费者可能会有更高的收入。他也能通过决定买更多数量来要求打折以影响每单位的价格。他甚至可以通过他自己的需求影响市场价格，因为价格大体上是由均衡决定的。毕竟，如果所有的消费者都决定购买更多商品 1，那么对该商品的需求会上升，这最后会导致产生更高的价格 $p_x$。这样一来，假设没有消费者对价格具有影响就没有什么意义了，因为这个假设表明价格并不取决于总需求。

然而这些反对意见对于约束最优化例子中的模型而言无关宏旨，由于这个模型可以教给我们在社会科学中如何对模型予以应用，所以它仍然值得我们认真思考。首先，来看收入。的确，消费者可以决定工作多少时间，在劳动经济学领域这是一个基本问题。处理这一问题的标准方法就是假设该消费者的收入是由闲暇相对给出的，一天就 24 个小时，他可以通过小时工资将其转换为货币。通过决定工作多少时间，消费者可以决定他打算消费多少闲暇：这就是 24 小时减去每天的工作小时数。现在这个模型描述了要消费的闲暇的数量选择以及对货币收入在其他商品上的分配。如此一来，对于相关经济现象来说，看似过于严苛的模型通过简单地增加一个变量就会变得令人感到满意，在这种情况下，通过将闲暇考虑成一种商品即可做到这一点。这是理论和范式之间的对偶性的近乎微不足道的一个例子。当我们真正进行思考时一个可能看起来不是那么合适的正式模型可以被重新改造成一种将问题概念化的一般形式。以一种稍微更具一般性的设定来运用这一相同的概念化方法，可以使得模型变得更加合理。

其次，该模型假设消费者对价格毫无影响，也即她是一个价格接受者。当然，如果我们所考虑的市场上只有很少几个消费者，那么情况恐怕绝非像假设的这样。但是在很多问题中，其中存在着很多消费者，没有一个对价格具有很大影响，所以这种影响可以被忽略。这就好比在求解一道物理题，我们要忽略那些不是太重要的方面的影响（比如摩擦力）。无论如何，只要我们为真实现象构造一个数理模型，我们就必须要做出某些假设，这些总是会受到质疑和挑战。因此，问题不是该模型是否足够精确，而是它是否是对所讨论的现象的良好近似。

最后，我们来看根据购买数量所给出的打折价这个问题。这个问题是否总能被假设只具有微不足道的影响，并不是很清楚。但我们还是来分析一下这个模型本来的样子，来看看它能给出什么定性的洞识，然后来考虑这些洞识在什么程度上取决于我们所做的那些不现实的假设。我们希望，针对这些不现实的假设而言，我们所得到的洞识和一般性的结论能够是稳健的。这一愿望可以由更为详尽的研究，以及在更为一般性的条件下对模型预测结果的检验来予以支持。有的时候，这样的研究可能太过复杂而无法实施，我们只能做一些直观的推理。在这种情况下，我们尝试着集中考虑那些我们感到已经有着充分的理解、可以在语言上清晰地解释的那些洞识，而不是使用我们刚开始所提及的具体的数理模型。研究者通常会感到数理模型只不过是一个发现类似于这些结果的工具而已，而数理分析必然要遵循直观推理，这可以将稳健的洞识与那些只在一些非常特殊的假设下才成立的结论区分开来。①

## 3.3　边际原理

一个商品的边际效用是该商品每增加一个单位所带来的效用上的增加。如果我消费了 100 个香蕉，那么我再多消费一个，101 个香蕉和 100 个香蕉所带来的效用的差值就是对我而言的香蕉的边际效用。我们可以把边际效用看成是一单位消费品数量的增加所带来的效用变化，前提是这一单位要是一个很小的变化。相对，如果我们拥有一套房子，要考虑买第二套，那么我们可以认为边际效用是得自第二套房子的效用变化，但是这并不是大多数经济学家在使用边际一词时脑海中呈现的东西。实际上，术语边际典型地指代一个无穷小的变化，边际效用意思是效用函数对商品数量的偏导数。如果偏导数这个词让你感到困惑，那么你就简单地把它想成是商品数量的一个微小变化，然后考虑效用的增加和数量增加之间的比率即可。

*29*

---

① 这一使用数理模型的方法可以回溯到阿尔弗雷德·马歇尔这位现代经济分析的奠基人的研究，他在 1906 年写道："我对于规则思虑越来越多——（1）作为一种速记语言来使用数学，而不是把它看成研究的引擎。（2）持续下去，知道你将所能做到的全部做完。（3）把它翻译成英语文字。（4）然后用生活中重要的事例来阐明它。（5）把所有数学全部烧掉。（6）如果你无法成功做到（4），那就连（3）也烧掉。最后一步是我经常做的事。"转引自 S. Brue, *The Evolution of Economic Thought*, 5th ed. (Fort Worth, Tex: Dryden. Press, 1933), 294。

　　我们是否可以根据偏导数、微小变化抑或很大的变化来思考边际效用呢？我们应该愿意接受边际效用取决于我们已有的商品数量——我们正在改变其数量的商品以及其他的商品——这一事实。特别地，商品的边际效用随着商品数量而递减，是一个众所周知的假设。也就是说，当香蕉的数量从 0 到 1 时，我们从香蕉上所得到的额外效用将比我们已经拥有 100 个香蕉时再多一个香蕉所增加的效用大。如果你喜欢草莓—香蕉奶昔中的香蕉，那么香蕉的这一边际效用也会取决于你吃了多少草莓。一般而言，从一个既定商品所得到的边际效用和效用本身一样，是所有商品数量的一个函数。

　　你可能回忆起来了，我们针对效用函数有一些测量上的问题，而且它也不是唯一予以定义的。例如，测量单位的变化可以归结为效用函数乘以一个正数。这样的转换也会改变边际效用。因此，就观察而言，边际效用并不是一个明确定义的概念。幸运的是，存在一个边际原理，它不取决于（不同商品数量变化所带来的）边际效用的确切值，而只取决于它们的比率。这就摆脱了对所选的特定函数的依赖性。

　　边际原理是一个条件，它根据边际效用进行表述，与最优解是密切相关的。因此，它在求解方面具有极端强大的威力。更为具体地说，在某些假设下（参看附录 B），如果一个解满足下面的条件，那么它就是最优的：对于每一种商品，边际效用对价格的比率是相同的。

　　为了看清这一条件的逻辑，让我们先用数学写下来。令 $u_x$ 表示商品 1 的边际效用，它也就是指商品 1 的数量（$x$）增加一个时效用的增加量（$u$）。同样，令 $u_y$ 表示商品 2 的边际效用。边际条件为

$$\frac{u_x}{p_x} = \frac{u_y}{p_y}$$

　　这个条件可以用经济学的语言解释如下：假设我在就我的预算而对两种商品进行尝试性的配置，我在考虑多买一点商品 1。因为我的预算要进行完全分配，这将会意味着少购买一点商品 2。假定我将支出中的一美元从商品 2 上转给商品 1。少消费一点商品 2 我损失多少效用，而多消费一点商品 1 我又得到了多少效用呢？

　　我们先从商品 1 开始。在价格 $p_x$ 处，一美元将能购买到 $\frac{1}{p_x}$ 单位该商品。我从这一数量上可以得到的额外的效用是多少呢？因为边际效用是 $u_x$，我可以近似地将 $\frac{1}{p_x}$ 额外单位的效用表示如下：

$$\frac{1}{p_x} \cdot u_x = \frac{u_x}{p_x}$$

接下来，我们来看由于少消费了商品 2 损失了多少效用？根据同样的推理，少消费一美元在商品 2 上，表明就少消费 $\frac{1}{p_y}$ 单位商品 2。给定边际效用 $u_y$，效用损失近似地表示为

$$\frac{1}{p_y} \cdot u_y = \frac{u_y}{p_x}$$

现在，如果

$$\frac{u_x}{p_x} > \frac{u_y}{p_y}$$

那么这一转移将会受益：从花在商品 1 上的额外一美元当中得到的额外效用将超过需补偿少花费在商品 2 上同一美元的损失。由于这一变化可以使得我改善境遇，因此我所开启的这一初始尝试性分配不可能是最优的。显然，如果

$$\frac{u_x}{p_x} = \frac{u_y}{p_y}$$

那么，将一美元从商品 1 转给商品 2 的消费上来会是一个好主意，这也意味着这一初始的尝试性分配不是最优的。

由于无论在哪个方向上不等式都表明这是一种劣于最优的结果，所以这只能表明等式是成立的，即

$$\frac{u_x}{p_x} = \frac{u_y}{p_y}$$

也就是说，边际条件对于求解最优选择将会大有好处。然而，要注意到对于边际条件来说需被满足的某些条件，对于最优性而言则是充分的。

# 第二篇
# 风险与不确定性

第二章
反垄断法律责任

# 4 期望效用

## 4.1 举例

**保险** 我有一辆价值 10 000 美元的汽车。我估计，它在一年内被偷的概率为 1%。我可以购买保险，每年保险金为 200 美元，这会使得潜在的损失得以补偿。我应不应该购买这份保险？

当然，损失并不是已知的。这是一个风险条件下的问题，这个损失我们称之为一个随机变量。它可能会出现不同的值（因此称之为变量），但是我们不能确定它的值（因此它是随机的）。具体来说，本例中的随机变量"损失"可以被假定取两个值，0 美元和 10 000 美元（其中 0 美元损失表示"无损失"）。出现什么样的事件，决定哪个取值；0 美元以 99% 的概率出现，10 000 美元以 1% 的概率出现。

关于数值随机变量，概括其信息的一种方式是计算其期望值，这是它所有可能取值的加权平均，其中的权重就是概率。在这种情况下，期望损失为

$$(1\% \times \$ 10\ 000) + (99\% \times \$ 0) = \$ 100$$

如此一来，对于每一个给定的年份，期望损失都是 100 美元，这说明保险费要高于期望损失。这是否意味着参加保险就是一个坏主意呢？

**彩票**　我被邀请去赌场玩轮盘赌游戏。如果我付 50 美元，那么我有 1/37 的概率可以得到 1 000 美元。也就是说，我有 36/37 的概率什么也得不到（0 美元）。我应该玩这个赌博游戏吗？

我们再一次计算这个期望收益，它是

$$\left(\frac{1}{37} \times \$ 1\ 000\right) + \left(\frac{36}{37} \times \$ 0\right) \cong \$ 27$$

显然，这个期望收益低于 50 美元的成本。这是否意味着我不应该参加这个赌博游戏？

## 4.2　期望值最大化

在这两个例子中，答案都是否定的：没有这样的规则，即在一个单个决策问题上，我们应该最大化期望支付。期望值是通过数字概括随机变量分布的一种方式。它是一种简单而直观的测度，但是并不意味着唯一理性之事就是最大化它。

那么，期望值说明了什么呢？我们首先需要一些预备知识。先把话说在前面：如果接下来两节太过技术化，那么你可以略过它们。如果你觉得还不是那么技术化，可以参看附录 A。

### 4.2.1　i.i.d. 随机变量

如果（1）每个随机变量都有相同的分布，也即它们都被假定有相同的取值，而且每个取值都具有相同的概率，（2）它们都是独立的——无论我们对它们的任一确切取值了解多少，我们都不能就剩下的变量给出更好的猜测，也就是说，每个以其他随机变量为条件的随机变量的分布和该变量的无条件的先验分布是一样的，那么，这些随机变量的合集就是独立同分布的（i.i.d.）。

直观而言，如果我们观察到 i.i.d. 随机变量的一个合集，那么就好像我们在相同的条件下观察到重复进行的一个试验。我们关于第一个试验的信

念与关于将要实施的第二个试验的信念是相同的，对于第三个、第十个或者
第十七个，都是一样的。重要的是，第二个试验在第一个之后进行这一事
实，以及当第二个试验开始时我们对第一个试验的结果如何所做的了解，并
不会改变我们关于第二个试验的信念。这就是独立性部分的含义。同一性部
分是说，这些关于与第一个试验结果独立的第二个试验的信念，和我们关于
第一个试验的信念是一样的。

36

　　i. i. d. 随机变量的概念在统计学中极其重要。抽样和统计推断通常都要
依赖我们观察到的变量是 i. i. d. 随机变量的这个假设。这一概念的优点之
一就是它得自大数定律（LLN）。

### 4.2.2　大数定律

　　大数定律是说，如果我们考虑很多 i. i. d. 随机变量的平均值，那么这
个平均值也是一个随机变量，它将会以 1 的概率收敛到它们的期望值。附录
A 解释了随机变量平均值、其期望值以及表述"以 1 的概率"的确切含义。
关键之点在于，i. i. d. 随机变量平均值的不确定性要远比它们每一个随机变
量的不确定性小得多。即便这些变量自身变化极大，只要它们是 i. i. d. 随
机变量（并且不要过大），平均之后也总是会减少噪声。

　　**保险的例子**假定每个车主都面临损失，它是一个随机变量，且具有以下
分布：

| 取值（$）  | 概率   |
|:----------:|:------:|
| 0          | 0.99   |
| 10 000     | 0.01   |

期望损失（$）为

$$(0.99 \times \$0) + (0.01 \times \$10\ 000) = \$100$$

也即取值和概率的乘积在所有行上的加总。假设有很多车主，他们每一个都
以此分布来面临一个损失，这些损失是彼此独立的。也就是说，对于由其他
人引致的损失无论你知道些什么，你都不会改变对自己面临的损失的信念。
那么，能够进行平均的车主越多，我们预测平均损失将会接近 $100 的信心
就越大。

　　平均值可能与 $100 极为不同，这在逻辑上不是不可能的。例如，所有
投保的汽车都被偷，然后平均损失为 $10 000，在逻辑上也是可能的。没有
人的汽车被偷，因之平均损失为 $0，在逻辑上也是可能的。甚至随着汽

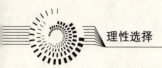
*37*

车数量变得更多，平均值压根不收敛，也是可能的。但是所有这些怪异结果相综合的概率为 0。这样一来，实际上我们就能确定平均值不会离期望值太远。

### 4.2.3 期望值的实际含义

我们现在回过头去，问一问保险问题中的期望损失或轮盘赌问题中的期望收益到底是什么。

如果我们考虑在很多相同且独立的问题中需要复制的政策或策略，而且如果我们对这些支付的加和（或平均值）感兴趣的话，那么我们的确应该选择可以给出最高期望支付的策略。这也正是保险公司所做的事情。由于保险公司有着众多的客户，它们大体上面临着相同以及多少独立的风险，所以这些公司可以非常自信地认为平均值非常接近于期望损失，这都是拜大数定律所赐。因此，通过将保险费设定得比期望损失高，保险公司几乎可以肯定它们能够获得一个正的利润。然而，这关键取决于随机变量大体上是 i.i.d. 或它们近似独立并且具有相同期望值这个假设。例如，如果我们考虑有关一场地震的保险事宜，那么不同客户申请的要求是不独立的。如果一个人已经申请了，那么公司会非常确定其他人也会如此。在这种情况下，保险公司将会面临一个总体的风险，尽管存在大数定律。

对于赌场而言也有相似的逻辑在。如果很多客户都在以一种独立的方式玩同一个游戏，那么赌场实际上能够确定的是平均收益将会非常接近于期望收益。通过收取一个比期望收益高的入门费，可以非常肯定，赌场一定能够挣到钱。但是如果比如说赌场只有一个客户或者如果它的很多客户都赌轮盘赌上的某一个格子，那它就不一定能够挣到钱了。

大数定律可以被看成生产确定性的机器。它通过取众多随机变量并把它们予以加总而做到这一点。如果它们是独立同分布的，那么有关其中每一个随机变量的不确定性不会累积成它们平均值的不确定性，而是会把这种不确定性予以清除，其平均值不会受制于不确定性。然而，如果没有纳入足够多的随机变量，或者如果它们远非独立的，那么大数定律就不适用了。在这种情况下，保险公司和赌场都会面临像个体决策者一样的总体不

*38*

确定性。那么，我们就没有理由不将注意力放在作为唯一决策标准的期望支付上了。

## 4.3 期望效用最大化

在 18 世纪中期丹尼尔·贝努利认为，人们最大化的是期望效用而非期

望值。也就是说，他认为如果我们打算预测人们的行为，不是对不同选择的期望货币值进行计算，而是计算这些货币值的效用函数的期望值，那么我们将会做得更好。

将效用引入到加权求和中去，可以带来更多自由度。期望效用最大化能够比期望支付最大化解释更多现象。特别地，保险和赌博这两个例子与期望值最大化并不相容，但是与期望效用最大化则相容。

为什么人们应该最大化期望效用而不是某个其他的可能或不可能涉及效用函数的公式，仍然并不清楚。同样不清楚的是，在现实中以下假设是否真的合理，即人们按照符合其期望效用函数最大化的方向行动，期望效用最大化理论比期望值最大化更为一般，但是我们可能仍然不能确定地相信期望效用最大化到底是作为一种描述性理论还是作为一种规范性理论而被理解的。

### 4.3.1 冯·诺依曼和摩根斯坦定理

这种混沌的状态呼唤着公理性方法。正如第 2 章所提及的那样，将理论概念与观察结果联系起来的公理可以极大地帮助我们识穿一个特定理论的修辞手段。无论好坏，要了解一个诸如期望效用最大化这样特定理论的确切意义，对我们来说判断它是否是一个合理的描述性或规范性理论必不可少。

这样的公理化体系是由约翰·冯·诺依曼和奥斯卡·摩根斯坦（vNM）在 20 世纪 40 年代给出的。[①] 他们是博弈论的先驱，在博弈论中，一个一般性的假设就是当参与人面对着结果上的分布时，他们在最大化期望效用（参看第 7 章）。vNM 用公理化体系为这一假设提供了合理的基础。在完备性和可传递性这些已经提到过的与确定性下的决策相联系的公理之外，他们还用到了另外两个公理。一个是连续性公理，它需要以数学方式来表述。另一个更为重要的公理被称为独立性公理。大体而言，它说的是当面对一对具有共同部分的两阶段彩票时，决策者会忽略这一共同部分，而表现得好像他们知道这一共同部分不会发生一样。vNM 定理在附录 B 中得到了正式讨论并被给了出来。在这一点上，要知道期望效用最大化并不只是数学家所发明的优雅的决策规则，它是非常值得一提的；它在行为含义的解释上自有其逻辑在。

### 4.3.2 效用的唯一性

在确定性条件下的效用最大化情境中，我已经说过效用函数具有很大的

---

① J. von Neumann and O. Morgenstern, *Theory of Games and Economic Behavior* (Princeton, N. J.: Princeton University Press, 1944).

自由度。只要顺序保持不变，效用函数的任何递增变换都可以描述同一个决策者选择的效用函数。例如，如果我们取所有效用值并将它们加倍，或者将它们提高到三次方，那么我们会得到一个不同的数学函数，但是它的最大化和原初函数的最大化具有相同的可观察含义。

对于期望效用函数，这个情况会稍稍有所不同。如果我们将所有效用值加倍，那么任何两个彩票之间的比较仍会取得相同的结果，这一点是成立的，但是如果我们取的是三次方，那结果就会有所差别了。实际上，vNM 定理的题中之意就是定义了函数唯一性的程度。一旦找到了一个效用函数，我们就可以给它加上一个数；并乘以任意一个正数，它表示的仍然是同一个效用函数所指的含义。对该函数所做的任何其他的修正，会有多对备选项 $P$ 和 $Q$，其原初函数的期望值对于 $P$ 来说更高，而修改后的函数的期望值对于 $Q$ 来说更高。这样一来，如果数据包含了风险选择上的偏好，而且效用函数的期望值被用于描述选择的话，则我们可以在相同的唯一性程度上进行效用测量，就像通常在温度测量上所做的那样。递增的线性变换就像华氏、摄氏或开氏温度测量的变换类型一样，可以恰如其分地运用于 vNM 效用函数的变换。

重要的是，如果我们说结果 $x$ 和 $y$ 之间的效用差别等于 $y$ 和 $z$ 之间的差别，那么这一表述就具有可观察的含义了。决策者在确定地得到 $y$ 和以 50% 的概率得到 $x$、50% 的概率得到 $z$ 所构成的彩票之间将会无差异。

由此可知，如果我们试图切实地为决策者找到一个效用函数，那么我们可以任意选择两个备择项的效用值，只要我们赋予更好的备择项更高的数值就可以了。这两个数值是 0 和 1、2 和 17 或−5.6 和 23.5，均无关宏旨。重要的只是第二个数值要比第一个高。给定这样的两个值，则所有其他备择项的效用值都唯一地由之而确定了（参看 4.4 节）。

### 4.3.3 风险厌恶

再来看保险的那个例子。我们观察到，如果是在最大化期望值，那么我们不应该购买保险。无论保险价格是多少，只要它高于期望损失，这一点都是成立的。我们有充分的理由相信，在真实的保险政策里，这也是一般将会出现的情况。保险公司会依赖大数定律，并假设平均的保险赔偿请求接近于期望损失。那么，它可以将保险费设定在期望损失之上，从而收回其他支出，并获得一个利润。如果这家保险公司将保险费设定在期望损失之下，那么无论从哪种可能性上来看，它都将不会拥有足够多的收益来赔偿保险请求，更遑论其他支出。这并不是说保险公司总是将价格定在期望损失之上，有时候它们也会在计算所涉概率方面犯下错误。我们会预期那些仍然在经营的保险公司不会犯下太多这种错误。

对于大部分情况而言，当我们购买保险时我们的支付总是会超过我们的期望损失。我们会以这样一种方式来行动，它可以由期望效用最大化而非期望值最大化来进行描述。我们这样做的原因在于，人们可能并不喜欢风险，我们愿意付钱给保险公司来让它帮我们承担风险。这类行为被称做风险厌恶。更确切地说，如果无论何时当他面对一个具有货币支付的彩票和一个确定可以得到的该彩票的期望值时，他总是偏爱后者，那么我们就称这个决策者是风险厌恶的。例如，如果一个风险厌恶的人受邀参加一个公平的抛硬币的游戏，赌 10 美元，那么他可能会拒绝。他期望得到确定的 0 美元，也不希望各以相同概率得到 10 美元和失去 10 美元。在保险的例子里，他愿意确定地得到 9 900 美元，而不愿意以 99% 的概率得到 10 000 美元、其他情况下一无所得（1% 的概率得到 0 美元）。这样一个人很具代表性，他甚至愿意确定地获得一个更低的值——比如说 9 800 美元——而不是选择该彩票。

可以看到，当且仅当其效用函数表现出递减的边际效用时，一个期望效用最大化者才是风险厌恶的。这意味着如果他已经有了 $x$ 美元，我们会问他再多得 1 美元而取得的额外效用是多少，那么可以发现 $x$ 越高，他的额外效用越低。用技术术语来表述，即该效用函数是凹的（参见附录 B）。

我们可以来看对于风险相反的态度。也就是说，决策者面对一个彩票及其期望值之间的选择时，他可能会偏好彩票。这类行为被称为风险偏好。与之相应的效用函数其边际效用是递增的，即该效用函数是一个凸函数（参见附录 B）。

当我们对赌场中的轮盘赌进行赌博时，我们表现出了风险偏好（或风险爱好）型的行为。我们从确定的货币数量开始，这一数量与赌博无关，然后用一个其期望收益低于该确定数量货币的彩票来取代它。我们如何知道确实是这种情况呢？可能该期望收益高于参与的成本呢？答案是如果这是真的，那么由于大数定律的存在，赌场会损失货币。由于赌场的经营是以盈利为目的的，因此假设对于大部分情况而言它们使其期望收益低于参与成本，当万无一失。①

---

① 显然，黑杰克博弈（the game of Blackjack）是一个例外；如果我们能回忆一下在博弈中出过哪些牌，那我们就可以给出可以确保正期望收益的策略。

如果我们观察到一个购买了保险的人同时也参加赌博，那他到底是风险厌恶的还是风险偏好的呢？答案并不清楚。他可能二者皆非；他的效用函数在某些区域可能具有递减的边际效用，在其他区域又具有递增的边际效用。也可能是这种情况，他可以从赌博中获得快乐，这些快乐是无法简单地以对货币总值的期望效用的计算而予以全部覆盖的。为了看看这个模型可能遗漏了些什么，我们来迅速浏览一下赌博的概率。举个例子，假定一个赌博者不是整晚待在赌场，而是进去之后得到净收益即走出去。大部分赌博者不会觉得这有啥意思，这一点似乎是非常可能的。典型而言，赌博者们也喜欢这项娱乐。这意味着货币结果上的彩票并不适于描述赌博。该模型隐含的假设是效用的所有决定因素都可以在最后结果中予以概括。如果一个赌博者享受彩票的过程本身，那么这一体验应该是对结果进行描述的一部分。

经济学中的标准假设是人们是风险厌恶的。对于很多问题而言，我们可能会做出人们是风险中性的这样的简化假设，也就是说他们在最大化期望货币值。当效用函数对于货币是线性的时候，这等价于说他们在最大化期望效用。这样的行为也可以看成风险厌恶的一种极限情况。然而，风险喜好行为很少出现在经济模型的假设中。

### 4.3.4　前景理论

心理学中有不少证据表明，至少在描述性的应用中，vNM 的公理被以系统性的方式违背了。尤其是丹尼尔·卡尼曼和阿莫斯·特沃斯基提出的著名的前景理论（prospect theory）[1] 表明，人们倾向于放大他们行为中的小概率事件。也就是说，对于小概率事件，人们的反应好像是这些概率比他们知道的要大。[2]

前景理论对古典经济理论更为基础性的偏离在于它认为人们对其财富水平的变化而不是对其中的绝对水平做出反应。尤其是它假设决策者具有一个参考点，这是相对于可以由此而对收益或损失进行归类的那个水平而言的。涉及相同的财富绝对值时，根据参考点，决策者可能会给出不同的决策。卡尼曼和特沃斯基认为，风险厌恶在收益区间上是很常见的现象，但是在损失区间上风险偏好则是非常普遍的。他们认为，损失厌恶会让人们冒更大的损

① D. Kahneman and A. Tversky, "Prospect Theory: An Analysis of Decision under Risk," *Econometrica* 47 (1979): 263 - 291.

② 前景理论最初的表达和 vNM 理论相类，也是在风险情境下给出的，其中概率被假定是已知的。概率没有明确给出的这类问题，我们稍后再讨论。

失风险，而不是止步于具有确定性的较小损失。

基于参考点的得益和损失之间的差别，并不是对经典理论所给公理的违背。毋宁说，它表明了隐然地假设只有最后结果才重要的经典模型的语言可能限制太过严格了。

前景理论被经济学家们忽略了很长时间，近年来它开始变得越来越流行起来。然而，期望效用最大化仍然被很多研究者看好，他们认为就描述性目的而言，它是一个可以首要考虑的良好近似，从规范性的角度出发，它也是一个极具吸引力的理论。和社会科学中的其他具体模型一样，它无法做到对现实进行完全精准的描述。它可能会被用于对真实行为进行近似，但是我们在使用它进行具体应用时应该格外谨慎，尤其是在那些已经被证明这个模型不那么有效的地方。并非不重要的是，我们可能会使用期望效用作为一个工具来推导出定性的结论，只要在分析的最后我们重新回到假设，并自问这些所得的结论是否取决于我们使用的特定模型的有效性。

## 4.4　效用的选择

假设问你如何在两个随机变量间进行选择，其中一个的概率分布由 $P$ 给出，第二个的分布由 $Q$ 给出：

| X（$\$$） | P | Q |
| --- | --- | --- |
| 0 | | 0.15 |
| 50 | 0.30 | |
| 100 | 0.30 | 0.35 |
| 150 | 0.35 | 0.30 |
| 200 | 0.05 | 0.20 |

你在（其分布为）$P$ 和 $Q$（的随机变量）之间的偏好是什么？你可能并不知道。它太复杂了。$Q$ 一无所得的概率是 15%，而 $P$ 可以确保得到一个正的支付。与之相对，$Q$ 具有获得 200 美元的最高支付更高的概率。你知道将会如何进行选择吗？

vNM 定理给出了一种方法。4.3.1 节仅仅含糊地给出了 vNM 公理，假定你已经阅读了附录 B，并从规范性的角度接受了这些公理，也就是说，你认为这些公理会得到满足；你会偏爱那类不违背这些公理的决策者。这并不是告诉你你应该如何在 $P$ 和 $Q$ 之间进行选择。满足 vNM 公理的方式有很

多。实际上，该公理是说，这些公理当且仅当你的选择与对某个（效用）函数的期望最大化相一致时才会得到满足，但是它并没有表明你应该选择哪个函数。如果你只是想满足这些公理，那么任何函数都是好的。

不过，该公理还是给出了不少策略，来帮你确定在简单情况下你的偏好如何，并将它们扩展到更为复杂的情形中去。如果你知道你在包含了仅有三个结果的各对彩票之间的偏好，你会有唯一一种方式来定义你在任何一对彩票间的偏好。此外，从中已充分可知你在确定结果和有两个结果的彩票之间的偏好。让我们看看这是如何达成的。

你可能偏好更多货币而不是更少。具体而言，200 美元的结果要比 0 美元的结果好。来看这些端点值上的备择项最为简单的情况，我们可以设定

$$u(200)=1$$
$$u(0)=0$$

现在来看另外一个结果，比如 100 美元。其效用 $u(100)$ 应当位于各个端点值之间，这应当是合理的，也即

$$0=u(0)<u(100)<u(200)=1$$

但是具体在哪儿呢？比如说，100 美元的效用是高于还是低于 0.5 呢？

有一种简单的方法。以下你更偏好哪一个：确定地获得 100 美元；获得一个彩票，它可以以 50％ 的概率给你 200 美元，其他情况一无所得（0 美元）？该彩票的期望效用是

$$[0.5 \times u(0)] + [0.5 \times u(200)] = (0.5 \times 0) + (0.5 \times 1) = 0.5$$

而 100 美元的确定收益可以确保效用 $u(100)$ 的值。这意味着其期望效用也应当是 $u(100)$。

如果你偏好这个彩票，而且你是一个期望效用最大化者，那么你的效用函数满足

$$u(100) < [0.5 \times u(0)] + [0.5 \times u(200)] = 0.5$$

而如果你偏好确定地获得 100 美元，那么这个不等式的相反方向会成立。你也可能是无差异的，在这种情况下 $u(100)=0.5$。要注意，在这种情况下，我们的工作已经完成：我们已经找到了你对 100 美元的效用函数值。

如果我们没有那么幸运，那么我们可以继续尝试。例如，如果你确定

地偏好 100 美元而不是该彩票，那么我们知道 $u(100) > 0.5$。比如说，你对 100 美元的效用是高于还是低于 0.6 呢？我们所需问的全部只是你是否偏好确定的 100 美元胜过以 0.6 的概率取得 200 美元否则一无所得的彩票。如果这次你偏好该彩票 $u(100) < 0.6$，那我们可以继续比较，比如说拿 $u(100)$ 和 0.55 进行比较。如果你仍然偏好确定收益，$u(100) > 0.6$，那我们可以将 100 美元与以 0.7 的概率获得 200 美元的彩票进行比较，依此类推。在某个点上，我们会找到一个值 $p$，满足你在 100 美元和以 $p$ 的概率获得 200 美元（否则一无所获）的彩票之间无差异。那么，我们就可以设定 $u(100) = p$。

45

对于确定的收益 100 美元，计算得到的 $p$ 值也会被用于涉及 100 美元的所有彩票，而无论它们是否具有一个、两个或者十五个额外的可能结果。当我们对 50 美元而非 100 美元的确定收益（最终对于 150 美元的确定收益）重复这一操作时，我们也会找出 $u(50)$ 和 $u(150)$，根据你所报告的偏好以及 vNM 定理，就会有唯一的方法来对 $P$ 和 $Q$ 进行排序。

这一操作的要点如下。如果你规范地接受期望效用函数最大化（或 vNM 公理），也就是说，你对成为那些不违背此理论的决策者之一做出了一个元选择（metachoice），那么你就能从你在简单环境里的偏好中构建你在复杂选择环境里的偏好。大体而言，你在某些环境中具有明确定义的偏好。毫无疑问，提高问题的复杂度，你可能会感到困惑。但是这一理论帮助你将你在简单情况下的直觉扩展到了复杂情况中去。

## 4.5　从简单到复杂

原则上，只要我们规范地使用这些公理，前面的操作练习即可完成。但是如果可以给出对理论概念的唯一定义的话，那么公理体系会更有作用。为了看到这一点，我们将使用 vNM 定理前文的操作与第 2 章效用最大化进行比较。在那里，两姐妹之间进行对话，芭芭拉使安相信安要最大化一个效用函数，但是在对话的结尾安无法确定她是否已经与这个决策离得更近了。在效用最大化（在确定性条件下）和期望效用最大化（在风险条件下）之间存在两个关联差异，后者比前者在启发性上更为有用。

首先，期望效用最大化包含由概率给出的效用数值的倍增，这些结果的加总以及对这些总和的比较。与之相对，效用最大化只比较数值而已。因此，在期望效用最大化中存在着比效用最大化更多的数学结构。在期望效用理论

里，不但对于简单问题，而且对于复杂问题均有着充分的结构与之相应，如此一来，直觉结论可以从简单问题扩展到复杂问题上来。与之相对，在安的决策问题中，所有成对的比较都是同等简单（或同等复杂）的。

其次，期望效用最大化给出了一个效用函数，它唯一受制于两个参数的决定。这样一来，我们可以在一个问题中测度该效用函数，并且在它被校准之后，我们可以取出在简单问题中被测量的唯一值，并将它运用到复杂问题上去。这样的操作练习对于安的决策问题而言原不是如此简单的。在那里，即便我们有着某些固定的自由参数，我们可能还是会发现一个给定的比较取得了一个可能效用函数集，但是却不能为任一备择项确定一个单一的值。

我们依次给出一些评论。第一，具有更为复杂的结构并不与具有数值参数的唯一定义等价。没有所涉参数的唯一性这一条件，我们可能会有非常难以理解的正式模型，这些问题有的简单，有的则比较复杂。另外，即便简单的模型有时候也能唯一地决定某些参数。

第二，即便存在足够的结构来定义简单和复杂问题，我们也不总是能够对简单问题有更好的理解。例如，假设你比较巴黎和伦敦的生活。这两个城市在很多标准上都有差异。这样的问题在定义简单和复杂问题上具有充分的结构。特别地，我们可以考虑只在某一个标准上的假想的选择之间所进行的比较，比如，你是更喜欢巴黎还是更喜欢一个假想的英国式巴黎呢？这个英国式巴黎除了每个人都说英语而非法语之外其他所有方面都和真实的巴黎等同。很可能，关于这个问题中独立于其他标准的语言，你具有清晰而明确的定义偏好，而你发现这个问题很容易回答。但是也可能你会说："我对英国式巴黎是什么样完全没有任何感觉。我发现这很难想象。相反，我对我在真实的巴黎和真实的伦敦之间的偏好有着非常正确的直觉。"

第三，即便在该问题中没有明确的结构，即便没有唯一性，公理化体系在构建偏好上也可能仍然是有用的。举个例子，可传递性可以帮助我们减少一些比较：如果 $x$ 比 $y$ 更好，$y$ 比 $z$ 更好，那么我们不需要再对 $x$ 和 $z$ 进行比较。

尽管有这些限制，但是记住以下这一点还是颇有裨益的，即一个能够产生唯一数值结果的公理化体系在以下问题中会很有用，这一问题就是，使简单问题的结果标准化以适用于复杂问题。

# 5 概率与统计

## 5.1 什么是概率？

娜塔莎：我认为现在买一套公寓不是一个好主意。

奥尔嘉：哦，是吗，为什么？

娜塔莎：他们说房地产市场将会下跌。

奥尔嘉：真的吗？你确定？

娜塔莎：噢，也不一定啦。如果你可以肯定这一点，市场就会马上就下跌的。

奥尔嘉：这是咋说呢？

娜塔莎：不确定，但是概率很高。

奥尔嘉：有多高？

娜塔莎：我说吗，有80％。

奥尔嘉：80％？

娜塔莎：是的，这是一个比较合理的估计。

奥尔嘉：它是什么意思呀？

娜塔莎：你不知道80%是什么意思吗？

奥尔嘉：别傻了。我知道80%是啥意思。我不知道概率为80%是啥意思。

娜塔莎：如果你不知道概率是什么，那么我建议你读读附录A。安说过，那里很清楚地对此做出了解释。

奥尔嘉：谁是安？

娜塔莎：嗯，没错，就是第2章那个不知道函数是什么的女孩子。

奥尔嘉：太感谢你了。我知道概率的数理模型。我爸爸以前和柯尔莫哥洛夫（Kolmogorov）[①] 一起学习过。

娜塔莎：柯尔莫哥洛夫？

奥尔嘉：是啊，柯尔莫哥洛夫。

娜塔莎：好吧。所以你一定知道什么是概率了；你骨子里就是有这方面的天分的。

奥尔嘉：确实是这样，但是这不是我的问题。

娜塔莎：哦，那你的问题到底是什么呢？

奥尔嘉：我试图理解在现实生活中你说这个市场下跌的概率是80%到底是什么意思。当你这样说的时候，你想让我们如何理解。

娜塔莎：你应该这样来理解，也就是这种情况非常可能出现。它说明它比不可能更加可能。

奥尔嘉：好，我明白了，这样说，这和70%也差不多了。

娜塔莎：不，比那可能性还是要大些。

奥尔嘉：但是70%也是很可能的了，而且比不可能更加可能。

娜塔莎：我不理解你想说的是什么。

奥尔嘉：我的意思是说，我不理解80%和70%之间的差别是什么。当然，我知道一部电影其利润的80%和70%之间的差别是怎么回事。但是我无法理解你说房地产市场以80%的概率下跌和说它以70%的概率下跌之间的区别。

---

① 即安德雷·柯尔莫哥洛夫（俄语：Андрей Николаевич Колмогоров，英语：Andrey Nikolaevich Kolmogorov，1903年4月25日—1987年10月20日），俄国数学家，主要研究概率论、算法信息论、拓扑学、直觉主义逻辑、湍流、经典力学和计算复杂性理论，最为人所道的是对概率论公理化所作出的贡献。他曾说："概率论作为数学学科，可以而且应该从公理开始建设，和几何、代数的路一样"。——译者注

娜塔莎：80％比70％在可能性上更大这不是很显然吗？

奥尔嘉：是，但是这个数字意味着什么并不清楚。如果你假设给我80％你的利润，或者给我70％你的利润，那么我可以检查你的利润多少，以及你给了我多少，然后看这个比例到底是70％还是80％，这我是能理解的。

娜塔莎：然后呢？

奥尔嘉：嗯，我刚才告诉过你，有一种方法可以来精确地给出到底是70％还是80％。但是现在我们可以对概率给出同样的解释吗？

娜塔莎：好，那你继续说。

奥尔嘉：假设一个预言家说市场下行的概率是70％，另一个说概率是80％。现在你观察到了结果。假设这一结果就是市场行情下行了。你说哪一个预言家说对了呢？

娜塔莎：那个说有80％可能的说对了。

奥尔嘉：可是说70％的预言家也认为市场行情更可能下行呀。

娜塔莎：所以那个说80％的预言家比另外一个"更正确"，对吧？

奥尔嘉：不错，我可以这样来理解。但是我不能理解一个在历史上只能发生一次的事件它的概率是什么意思。

娜塔莎：那它需要出现多少次呢？

奥尔嘉：我给你举个例子吧。我为一家保险公司工作。我们一起卖保险。人们支付给我们金钱，如果不幸的事情发生，我们就补偿他们。

娜塔莎：嗨，我知道保险是咋回事，好不好？即便我的爸爸没和柯尔莫哥洛夫一起学习过我也知道。

奥尔嘉：好吧，那我们来试着估计一下不幸的事情发生的概率，比如说有一个小偷闯入了一间公寓偷东西。我们可以通过每年偷盗事件发生的次数然后除以公寓的数量来计算这一概率。

娜塔莎：然后呢？

奥尔嘉：所以我理解了概率的真正含义。它是某些事件将会发生的情况之比例。或者至少是过去发生过的情况之比例。但是我不太好理解在单一情况下它到底是什么意思。

娜塔莎：你的意思是像房地产市场就是这种情况吧。

奥尔嘉：是的。

娜塔莎：嗯，是有点类似。

奥尔嘉：你的意思到底是什么？是有很多个房地产市场，就像我们为很多公寓进行保险一样吗？

娜塔莎：不太像。我们可以从其他房地产市场的情况来认识，但是每一个都是一个不同的情形。

奥尔嘉：你的意思是说，俄罗斯的市场和美国的市场不太一样是吧？

娜塔莎：对。

奥尔嘉：让我猜猜，那是它们彼此不太相关。如果美国的市场下跌，那么人们也会问及俄罗斯市场的情况。

娜塔莎：嗯，它们还是有差别的。美国市场可能会在俄罗斯市场没有下跌的情况下下跌了。

奥尔嘉：但是一个会影响到另一个。人们会读报纸新闻的。

娜塔莎：当然。

奥尔嘉：嗯，我们在办公室里的确不会有那样的问题。如果一间公寓没有被盗，它不能表明另外一间将被盗或者不会被盗。我可以找到证据，并用它在无须担心我改变了试图估计的概率的情况下，来估计概率。

娜塔莎：改变了概率？

奥尔嘉：是的，我还不是很确定。可能它也是一种思考这一问题的方式吧。

娜塔莎：如果你不知道什么是概率，你又怎么会知道它是否改变呢？

奥尔嘉：不错，可能是不知道的。但你理解我所表达的意思。估计一间公寓被盗的概率是我所能理解的事情。我也理解 0.2% 和 0.3% 之间的差别到底是什么。但是我不能肯定当你谈论房地产市场下跌的时候你的意思是指什么。

娜塔莎：你是否理解全球变暖的概率是指什么呢？

奥尔嘉：不，对此我有同样的疑惑在。

娜塔莎：嗯，这的确是同一种问题。

概率的概念随处可见。当我们讨论风险性选择时（如第 4 章中所讨论的情况）我们使用了概率，当我们关注股票市场或者政治事件时，我们也会用到概率。我们根据概率来听取天气预报，使用概率来描述健康和环境风险以及医疗方案、教育计划等的结果。但是概率到底是什么？当我们说起"事件 $A$ 的概率是 $p$"时，我们到底意在何指？

## 5.2　作为客观概率的相对频率

一个一般性的回答为概率指的是经验频率的极限。当我们投掷一枚硬币时，我们说它正面朝上的概率是 50%，一种可能的解释就是，如果我们在同等条件下一遍又一遍地投掷同一枚硬币，那么会发现大约 50% 的次数它会是正面朝上的。这指的是概率的频率主义方法，即由（相对）频率极限来定义客观概率。

*52*

这个概念可能会让你想起大数定律（LLN）（参看 4.2.2 和附录 A）。假设我们有某个试验，重复进行无限多次。在每一次重复中，事件 $A$ 可能发生也可能不发生。不同的重复被假定为是相同的，其中事件 $A$ 在每次重复中出现的概率 $p$ 不变。它们也被假设是彼此独立的，即无论我们对其中一些试验了解多少，我们都不能对其他的试验有什么信息。大数定律向我们确保了 $A$ 的相对频率会收敛到概率 $p$。

要注意，LLN 依赖于根据概率来定义的假设。当我们说随机变量具有相同的分布或彼此独立时，我们预先假定了概率的概念在。LLN 的表述也是根据概率给出的。因此，LLN 不能用于定义概率。然而，概率作为"相对频率极限"的直观定义体现了该定律，并使用 LLN 的结论来作为概率的定义。

依赖于 LLN 的直觉，我们可以将客观概率的定义重新措辞如下。假设我们有很多试验可以在相同的条件下进行。据此，我们的意思是说：（1）就我们所言，这些试验是相同的；（2）这些试验在因果关系上彼此独立——它们中一些试验的结果并不影响另外一些试验的结果。那么，我们可以将一个事件的经验性相对频率作为同类型将来试验的概率之定义。

很多诸如掷硬币或洗纸牌这样的情况，其试验是在相同条件下进行的。也有其他一些情况，其试验不能一丝不差地在相同条件下进行，而可能只是假设是这样的。举个例子，我们来看为我的车投保这件事。在试图评估它被偷的概率上，我是取过去一年车子被偷的相对频率作为概率定义的。的确，过去一年本可能会有很多车被偷，但是只有一部分实际上被偷了。而它们都是一样的吗？一辆崭新的豪车难道不比一辆老旧的破车更有被偷的危险吗？车在城中所处的位置难道没有关系？事实上，如果我们详加考察这些车的价格、装备条件和所处位置，那么会发现没有哪两辆车在各个方面都是完全一样的。甚至因果独立性这个假设看似也是靠不住的；如果两人在忙着偷

性选择

53　车，那么他们可能原本没有时间去偷我的。因此，所讨论的事件似乎既非相同也不会是因果独立的。

再来深入思考一下，对于掷硬币，我们可以给出类似的观点。即便我一遍又一遍地投掷相同一枚硬币，某些参数也会随着投掷不同而有所变化。我的手可能累了。空气的湿度可能变化了。彗星可能改变了重力场。因果独立性也不会像看起来那么合理；一个特别严格的投掷会让我的拇指感到疲累，并且提高了硬币的温度。同样的论证表明，在其他诸如掷骰子、转轮盘以及洗纸牌等经典例子中，连续的试验绝非精确地无差异或者是因果独立的。

我们可以得出一个结论，条件相同这个概念只是一种假设。在自然科学中也常是这种情况，我们不应该期待假设是对现实的完美而精确的描述。使用近似现实的模型已然是很好了。这种判断何时某个模型更为合适以及何时其假设不够现实而带来误导的智慧，经常是艺术而非科学。对于定义概率时的条件相同的假设，同样如此。当我们使用经验性相对频率来定义一枚硬币正面朝上的概率，或一辆车被偷的概率时，我们只是假设不同的试验几乎是在相同的条件下进行的。

## 5.3　主观概率

与前面的例子相对的是，有很多情况我们无法假设试验是相同或因果独立的。一个医疗程序的结果取决于很多变量，它们综合起来会使得每一次手术都独一无二。股票市场的表现也取决于太多的因素，以至于历史上的每一天都是独一无二的一天。此外，在股票市场的例子里，不同情况之间是因果依赖的。这意味着如果一个事件在过去比如以 70% 的相对频率发生，由于过去的情况变化，那它现在可能变得更加可能了，也可能变得更加不可能了。在战争中，一场战役的惨败可能会导致另一场战役也大败，同样的战争不可能重复发生。1929 年金融大危机表明这样的危机是可能发生的。但是它也促成了很多安全措施的出台，使得在未来类似危机的出现变得不是那么可能了。总而言之，过去的相对频率在很多我们所关心的情况里并不是对概率的合理定义。

54　可是，人们还是经常地使用概率。原因在于概率理论的武器是加深我们对不确定性的直觉的一种便捷工具。以某种方式为事件赋予一个满足基本概率定律的数值，可以让我们的思考呈现出某种条理性。例如，如果事件 $A$

· 50 ·

蕴含事件 B，那么我们就不能赋予 A 比 B 更高的概率。①

当概率是根据可以观察的频率来客观地加以定义时，不同的人对相同的数据原则上应该计算出相同的概率。与之相对，当概率只是用来为信念的量化施加一致性限制时，如果不同的人有时候观点上颇有差异，那么我们并不应该感到诧异。人们的概率评估皆是出于主观。以托马斯·贝叶斯命名的贝叶斯方法认为所有不确定性皆应以概率来进行量化。如果客观证据存在，可以给出唯一的定义，就像在经验相对频率的情况中那样，那么我们预期理性决策者会接受这一客观的可以获得的概率。但是如果这类证据并不存在，贝叶斯方法仍然成立，那么只有一种合理的方式来处理不确定性，那就是将它以概率来进行量化，即便这最终的概率只是主观的而已。

概率论既可以用于客观概率（机会），也可以用于主观信念的量化，这一观念一直盘踞在概率论的早期发展阶段（17 世纪中期）。关于所有的不确定性是否可以都由概率来加以良好定义的争论，从那个时候起一直持续到现在，而且看起来其解决之日遥遥无期。

贝叶斯方法认为不确定性总可以被量化，从而将之简化为机会或风险，这已经从公理化模型中取得了强有力的支持。这样的模型描述了不确定性下的选择，这种不确定性其所涉事件之概率是未知的，而且给出了一套主要关注不同决策情境中内在一致性的选择公理。若然证明了该套公理等价于某个选择可以被某一涉及概率的决策规则所代表的断言，那么这就作为一个定理被证明了，其中很具有代表性的是期望效用最大化定理。这些概率之所以是主观的，是因为它们都导源自决策者的偏好。②

55

贝叶斯方法可以由与前面讨论过的对效用进行处理得到其值的那种方法相类似的框架予以支持。我们再次从简单的问题出发，并逐步过渡到更为复杂的问题上去。例如，假定你面临着一个复杂的决策，它涉及了十种不同的可能发生的情况。对于给定的情况 A，我们问一个这样的问题："你偏好如果 A 出现那么得到 100 美元这种情况，还是偏好如果抛掷一枚公平的硬币正面朝上那么得到 100 美元这种情况？"如果你偏好在 A 上打赌，那么你可

---

① 特沃斯基和卡尼曼给出了一个颇具洞识的例子，其中人们倾向于违背这些简单的规则。参看 A. Tversky and D. Kahneman, "Extensional vs. Intuitive Reasoning: The Conjunction Fallacy in Probability Judgment," *Psychological Review* 90 (1983): 293-315.

② B. de Finetti, "La prévision: ses lois logiques, ses sources subjectives," *Annales de l' Institut Henri Poincaré* 7 (1937): 1-68; L. J. Savage, *The Foundations of Statistics*, 2d rev. ed. (New York: Dover Publications, 1972).

能将一个主观概率赋予给了 $A$，这个主观概率要高于 50%。现在，你可以问你偏好在 $A$ 上打赌还是在"两次独立抛掷中一枚公平硬币至少有一次正面朝上"上打赌，这样就可以将你关于 $A$ 的主观概率和 0.75 进行比较，如此等等。在这种方法下你可以分别对每一事件的主观概率进行校准，然后继续在更为复杂的决策情况中使用这些概率。

不过，也有一种这样的看法，像这类打赌问题对于很多事件并不具有明确定义的答案。若被问道："你偏好如果 $A$ 发生即得到 100 美元还是偏好如果抛掷一枚公平的硬币正面朝上即得到 100 美元"，那么我可能这么回应："嗯，你基本上是在问我 $A$ 的概率是高于还是低于 50%。但是我不知道 $A$ 的概率：如果我知道，我就压根不需要你的这个问题表了！"

这类困难已经使得其他一些贝叶斯方法的替代方法应运而生。[①] 一个比贝叶斯理论更为一般化的相对简单的理论是最大最小期望效用理论。它认为，决策者并不必然具有关于事件的唯一概率，而是具有一个这类概率的集合。当面临一个特定的备择项时，计算其期望效用有着多种不同的方法，因为在这个集合里，每一个概率都可以用来进行计算，而不同的概率将会带来不同的期望值。最大最小理论认为，决策者倾向于根据其最差情况对一个备择项进行评估，也就是说，根据它所能得到的最小的期望效用进行评估，其间我们会考虑集合中的所有概率。然而，这不过是非贝叶斯决策制定的一个特殊理论，很多其他的理论也在不断发展出来。

## 5.4 统计陷阱

56

统计学可以被明确地用于对科学和非科学研究中的概率之估计，也可以隐然地为芸芸众生在日常生活中所使用。对于那些我们可能从所得数据中推出错误结论的已知问题进行复习，当是非常重要的。下面就是其中这类人们常犯错误的一个局部列表。如果你阅读一份日报，你可以试着浏览一下那些新闻，看看有多少标题会让读者犯下这类错误。

### 5.4.1 令人困惑的条件概率

假设你打算搭乘一班航班，你担心飞机会被炸弹击中。有一个古老的笑话这样建议你：你应该携带一枚炸弹到飞机上去，因为两枚炸弹都爆炸的概

① D. Schmeidler, "Subjective Probability and Expected Utility without Additivity," *Econometrica* 57 (1989)：571 - 587；I. Gilboa and D. Schmeidler, "Maxmin Expected Utility with a Non- Unique Prior," *Journal of Mathematical Economics* 18 (1989)：141 - 153.

率实在很低。

这个不是那么好笑的笑话，其关键之点在于，假设你的行动和其他乘客的行动之间是彼此独立的，那么以你携带一枚炸弹为条件的有两枚炸弹的概率等于以你不携带一枚炸弹为条件的有一枚炸弹的概率。援引两枚炸弹（都由其他乘客带来）的无条件概率是令人困惑的条件和非条件概率的一个例子。

人们常犯的另外一个错误是把给定 $A$ 事件时 $B$ 事件的条件概率和给定 $B$ 事件时 $A$ 事件的条件概率给混淆起来。我们来看下面这个例子。你担心你可能得了一种疾病。你打算做个检验，其精确性如下：如果你生了这种病，那么该检验会以 90% 的概率把它检查出来；如果你没有生这种病，那么这个检验可能仍然会以 5% 的概率证明你的检验呈阳性（错误的阳性）。假设你做了检验并且检查出阳性。那你确实患了这种病的概率是多少？

很多人倾向于给出像 90%、95% 或者二者之间的某个值这类答案。正确的答案是，你根本就不知道。原因在于，我们仅给出了给定你患病以及健康时检查呈阳性的条件概率。但是我们并没有关于患病的无条件先验概率的任何信息。而这一信息对于在给定检验呈阳性条件下患病的条件概率认识上是必需的。

为了看到这一点，我们来思考在人群的一个给定样本中的比例，而非尚未检验情况的概率。假设有 10 000 个人，其中患病者有 100 个。也就是说，这种疾患有一个先验（无条件）频率，它仅为 1%。在这 100 个患者的总体当中，该检验可以识别出其中 99 例。这样一来，给定患者总体，检验呈阳性的条件频率为 90%。剩下的 9 900 人是健康的。然而，他们当中仍然有 5% 被检验呈阳性。这一共带来 495 个错误的阳性诊断。总体而言，存在 495＋90＝585 个检验呈阳性的病例。但是他们当中的患者数目只有 90 个。如此一来，检验呈阳性的人群当中，患者的条件频率仅为 90/585＝15.38%。

将这一点变换成概率语言，即给定患有这一疾病且检验呈阳性的概率是 90%，但是给定检验呈阳性患有该疾病的概率仅为 15.38%。要注意，对于检验阳性问题来说这并非是一个好消息；在你知道检验结果之前，你一向认为患这种疾病的概率是 1%。给定这一检验，这个概率会增加到 15%。然而，它还是比 90% 要小很多，甚至也比 50% 小不少。这样一来，患病人群的大部分都检验呈阳性，而检验呈阳性的大部分都没有患病。

我们在两种情况下计算出来的相对频率，具有相同的分子，却有着不同的分母。当我们问在患者中检验呈阳性的概率是多少时，我们取满足两个条

57

件的总体规模——90 个患者而且检验呈阳性，用患者的总体 100 人的规模去除，这个比率为 90/100，反映了在患者总体中检验呈阳性的高频率。与之相对，当我们问在那些检验呈阳性的人群当中患者的比例是多少时，我们取满足两个条件的相同总体的规模，但是这次却用那些检验呈阳性的人群总体的规模去除。相同的分子 90，现在却是被不同的分母 585 来除，其结果相应地必然会有所不同。然而，人们总是倾向于遗忘分母不同这一事实。

卡尼曼和特沃斯基在他们细心的实验中记录下了这一现象。[1] 他们称之为"忽略基础比率"现象，因为给定其他事件，将一个事件的条件概率与相反的条件概率联系起来的是两个事件的无条件（基础）概率（在我们的例子中为 100/585）。忽略基础概率，或者混淆条件概率，就其可能性而言等价于混淆"$A$ 蕴含 $B$"和"$B$ 蕴含 $A$"。显然，二者皆是我们大部分人犯下的自然性的错误，除非我们特别小心。

混淆条件概率可能也与很多关于不同人群的偏见相联系。举个例子，假设大部分顶尖壁球高手都是巴基斯坦人。这并不意味着巴基斯坦人都是壁球高手。然而，我们所考虑的这一现象表明，人们经常会做出这样错误的推断。如果我们用其他不是那么善意的情况来取代这个例子，那么我们会发现某些对社会中的一些群体有所敌意的偏见非常常见，这些偏见并没有从统计上予以确证。

### 5.4.2 有偏的样本

统计学史上最为著名的惨败案例之一就是预测 1936 年的美国总统选举结果。Literary Digest 民意调查预测共和党候选人阿尔弗雷德·兰登将会以显著优势获胜，然而事实却是民主党候选人富兰克林·D·罗斯福成为笑到最后的人。事后来看，人们注意到该民意调查是根据汽车和电话登记表来进行的。在 1936 年，并非所有的投票者都有汽车和电话，这使得所得到的样本有偏误。它包含的富裕人群的比率要高于它所意欲代表的总体。因此，在那些样本中，某个候选人可能会得到多数选票，但是在总体中却未必如此。[2]

---

[1] D. Kahneman and A. Tversky, "On the Psychology of Prediction," *Psychological Review* 80 (1973): 237 – 251.

[2] 至少，这是一个标准的故事。对于细节，可参看 P. Squire, "Why the 1936 Literary Digest Poll Failed," *Public Opinion Quarterly* 52 (1988): 125 – 133.

如果民意调查受访者的百分比随着相关的子群而不同，那么类似的问题也可能发生。举个例子，假设一个宗教团体的支持者拒绝对调查人的问题进行回答，那么就其表面来看，该调查会大大低估这一团体的大众支持度。

由于所关涉的问题偶然与样本中另外一个影响本问题出现概率的现象相关，那这样的样本也是有偏的。有些例子包含了由抽样程序本身引入的偏误。

**家庭规模**　假设我希望找出一个家庭中孩子的平均数量，那么我可以到学校去，随机地选择若干个孩子，问他们有多少兄弟姐妹。我计算出平均值，然后再加 1（包含接受询问的孩子），这可以是对家庭中孩子平均数目的一个估计值。

有五个孩子的家庭被抽中的概率五倍于只有一个孩子的家庭。没有孩子的家庭则永远都不会出现在这个样本中。要注意，这里的偏误源自于我对孩子进行抽样的决策。与 Literary Digest 的例子相反，为了看清这一偏误，你不需要知道关于总体的任何其他事情（比如共和党投票者平均而言比民主党投票者更加富裕这一事实）。你只须阅读我对抽样策略的描述，即可充分认识到它会使样本有偏误。

请注意，如果我们打算回答"有多少孩子（包括你自己）和你一起长大？"这个问题，那这个样本就没有偏误了。例如，如果有两个家庭，一个是独生子女家庭，另一个是有九个孩子的家庭，家庭的平均规模当然是五，但是与孩子们在同一个家庭一起生活的孩子的平均数量实际上是 $[(9/10) \times 9] + [(1/10) \times 1] = 8.2$。这样一来，一个样本是否有偏误，可能取决于我们感兴趣的问题是什么。

**等待时间**　我希望估计两辆接连到来的公共汽车到来的平均时间。我去公共汽车站，然后测量时间段，并乘以 2（以校正我可能在这一时间区间上任一时间点到达这一事实）。

这里的逻辑和前面一个例子中的逻辑是相类似的。一辆公共汽车凑巧费了更长时间才到达，这种概率在我的样本中出现的概率很高。如果你将两辆公共汽车之间的时间区间段定义为"家庭"，那么更长的时间区间段就具有更多的"兄弟姐妹"。

我们观察到在样本中平均等待时间是一位乘客随机地在某个时间点上到达车站的等待时间的无偏估计值。的确如此，这样的乘客更可能会在等一辆

费时更长才等到的公共汽车，而不是很快就到来的一辆公共汽车。然而，如果我们希望计算公共汽车的平均数而不是分钟的平均数，那么这个样本就是有偏误的了。

**赢者的诅咒**　对于有着共同价值的物品，比如说油田，我们进行一场拍卖，不管谁拍走这块油田其价值都是相同的。然而，这一共同价值却具有不确定性。假设每家企业都对该油田价值的集合有自己的估计，然后进行投标，企业得到的估计值在统计意义上是无偏误的（也就是说，它们的期望值正是那个未知的值）。如果只有一家企业投了标，则其期望利润为零。但是如果有超过一家企业进行了投标，则胜出的企业可能会损失金钱。

原因在于，这个投标出价可能只是在期望值的意义上才是准确的。有时候它们可能在真实值之上，有时候可能在真实值之下。如果只有一家企业，那么一旦过度出价，损失将可由出价不足的得益而弥补，在期望值上它既没有损失也没有获得金钱。但是如果有很多家企业，那么当一家企业过度出价而非出价不足时，它更可能赢得拍卖。这样一来，一旦它过度出价，它就可能损失金钱，但是当它出价不足时，它又可能遭受损失（因为这样会无法赢得拍卖）。

这是一个有偏样本的例子。我们可以把"赢得拍卖"看成一个抽样程序。投标出价就是被抽取的样本，也就是说，赢得拍卖的投标出价并不是所有投标出价总体的一个代表。正如在前面的例子中所显示的那样，这里的偏误内在于该抽样程序。

赢者的诅咒指的是这样一种现象：拍卖的胜者易于在其上损失金钱。在实践中这一点早就被观察到过，而且显而易见企业为了避免损失期望意义上的金钱，需要不断向下校正其投标出价。投标出价应该如何校正，也取决于其他企业做了什么。在最近几十年，博弈论已经被用到寻找拍卖均衡这一工作中，同时它也用来为卖者寻找最优的拍卖规则。

### 5.4.3　均值回归

在回归分析中，我们得到数据，试图从中找出规律性的东西。例如，令 $x$ 表示一个男人的身高，用 $y$ 表示他儿子的身高。我们观察到 $x$ 和 $y$ 的很多对值。在我们仅考虑线性关系的线性回归当中，我们试图找出最佳地拟合了这些数据点的一条直线（参看图 5—1）。

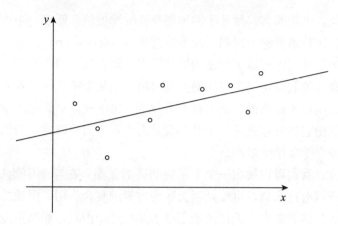

图 5—1

我们为什么要找一个线性的简单函数，由它来拟合所有的点，而不是去使用一个更复杂精致、与数据匹配得更为精准的函数呢？原因在于，在数据中常存在着一些内在的噪声。在真正的自然科学中，这样的噪声指的是测量上的误差。而在日常生活和社会科学中，这一噪声还涵盖了很多虽然很重要但却无法被测量的变量。在任何一个事件中，给定这些噪声的存在，那些能够准确地拟合数据的复杂曲线（如图 5—2 所示）对随机噪声会过于敏感，可能会带来较差的预测结果。这种现象被称为向均值回归。

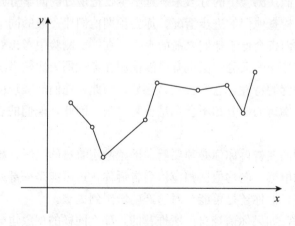

图 5—2

当根据数据将其线性函数计算出来时（如图 5—1 所示），可以发现回归线向右上方延长。这意味着平均而言我们会预期更高的男人会生出更高的儿子。但是这些直线的斜率小于 1（低于 $45°$），也就是说，一个男人身高上增

加一个单位，平均而言，他儿子的预期身高的增加值会低于一个单位。根据
**61** 这一事实，该技术被称为回归［而不叫进展（progression）］。

我们可以预期由于以下所述的这些原因，回归线的斜率小于 1。让我们
给出一个合理的假设：一个男人的高度取决于他父亲的基因以及其他一系列
因素，包括他母亲的基因、他的营养条件等。由于缺乏对其他因素的任何信
**62** 息，我们就把它们打包放进一个噪声变量之中，为简单起见，我们假设这个
噪声变量独立于父亲的基因。

比如说，我们可以挑出一个个子特别高的父亲，在样本中他是最高的。
这个人之所以会这么高，可能是因为各种因素的复合作用，即他的基因和他
的噪声变量。两者之中，他传递给了孩子基因这个因素，而噪声变量则重新
由他的儿子而抽样得到。由于基因可以传递，我们会预期他的儿子会比平均
身高要高。但是由于随机因素不能继承，所以我们也会预期他儿子会比父亲
矮一些。相似地，明显比较矮的男人可能会生出比平均身高矮的儿子，但他
们的儿子可能会比他们高。这个现象就是向均值回归。

向均值回归是非常普遍的现象。如果变量 $x$ 和变量 $y$ 都以相同的刻度
来测量，总的来说它们起落有致地在变化，那么一个先验的知识是，一个变
量可以成为另外一个变量值的合理猜测，这个现象是可能发生的。例如，假
设你根据学生们在测验中的分数来挑选学生，把最好的同学分到一个班。一
年之后，你来检查他们的进步情况。你会预期他们比一般的同学做得要好一
些，但是平均而言会低于他们之前的水平。在一次测验中考出好分数，可能
意味着他们有特殊的天分，但也有可能他们在考试那天比较幸运。你会预期
天分是一个稳健的特性，它不会轻易移易，因此，他们的表现应该比平均水
平要好，但是幸运的成分却不会总是重复出现，因此，他们的表现应该会差
于往年。

假设你的朋友告诉你你必须要看一部她刚刚看过的电影。她说这是她看
到过的最好的电影。向均值回归应该会告诉你，这可能是一部好电影，虽然
她的评价极高，但你还是可能会对这部电影感到失望。

不幸的是，如果你信赖自己所推荐的，那么同样的现象也会发生。你可
能会对一本书、一次旅行或是一家餐馆非常喜欢，很期待能够再次享受之。
当你真的这么做了的时候，你经常发现你会略有失望，这部分是因为感受的
新鲜感不可重复，部分则是因为向均值回归。

当我们根据过去的成绩来挑选政治领导人或投资顾问时，还会有一些其

他的失望等待着我们。显然，每一次都在这类工作中胜任会需要一些技能。因此我们选择那些在过去同样的工作上比那些已经证明是失败了的家伙们做得更好的人会好一些。但是，由于在政治家和投资顾问的成功里有着难以忽略的幸运（噪声）成分，所以我们应该不会感到奇怪，他们的表现和我们在他们当选时所抱有的期望相比常会有所不如。

### 5.4.4 相关关系和因果关系

我们常倾向于犯下的另外一个统计性错误是将相关关系和因果关系彼此混淆。如果两个变量 $X$ 和 $Y$ 倾向于一起为较高的值或较低的值，那么我们称这两个变量是相关的。也就是说，$X$ 取较高值时，比 $X$ 取较低值时，更可能让我们观察到 $Y$ 的较高取值；$X$ 取较低值时，比 $X$ 取较高值时，更可能让我们观察到 $Y$ 的较低取值。相关关系是一种对称关系。如果 $X$ 和 $Y$ 具有相关关系，那么 $Y$ 也和 $X$ 具有相关关系（参看附录 A）。

另外，因果性则是一个更为棘手的概念。直观而言，我们能够理解，当我们说 $X$ 导致了 $Y$，或 $X$ 的较高取值是 $Y$ 取较高值的原因时，这是什么意思。我们再说一些涉及反事实的事情，比如"$X$ 是高的，$Y$ 也是这样；但是如果 $X$ 比较低，$Y$ 也将会比较低"。因果关系是不对称的。如果 $X$ 是 $Y$ 的原因，则 $Y$ 不可能是 $X$ 的原因。具体而言，如果 $X$ 是 $Y$ 的原因，那么它须发生在 $Y$ 之前。今天 $X$ 的较高取值是明天 $Y$ 的较高取值的原因，后者反过来是后天 $X$ 较高取值的原因，这是可能的。然而，明天 $Y$ 的较高取值不可能是今天 $X$ 的较高取值的原因。相关关系不必遵照这种时间上的先后次序。明天 $Y$ 的较高取值可能与今天 $X$ 的较高取值相关，抑或可以是今天 $X$ 的较高取值的一种预示。但是前者不可能是后者的原因，因为因果关系必须遵照时间上的先后次序。

因果关系比相关关系更难予以定义、测量和确定，因为因果关系包含着反事实的陈述，比如"如果 $X$ 比较低，则 $Y$ 也会比较低"。这个基本问题是，如果 $X$ 已经取了一个更低的值而不是它实际上所取的值，那么将会发生什么并不清楚。为了考虑一个极端的例子，我们来思考一下历史中的因果关系。什么是希特勒战败的原因？如果他当时没有进攻苏联，那么他会赢得这场战争吗？什么是苏联垮台的原因呢？如果没有"星球大战"计划，那么苏联会不会幸存至今？还有，石油价格会下落吗？我们并不清楚这些问题的答案。对于某个答案是对还是错，我们很难给出确切的回答，因为我们无法回到历史中去，并就不同的环境中将会发生什么进行检验。

历史事件都是一些极端的例子，因为它们总是独一无二、不可复制的。当每两个事件在很多可以观察到的特征上彼此不同时，相关性即已很难进行定义，更遑论因果性。但是即便我们对事件可以进行充分相似的重复以定义相关性，因果性可能也仍然不可捉摸。原因在于，一个给定的相关关系和很多因果性的故事是相互兼容的。例如，假设在收入 $X$ 和对汽车的支出 $Y$ 之间存在着相关关系。这一统计关系可能是以下这些结果之一：（1）$X$ 是 $Y$ 的原因；（2）$Y$ 是 $X$ 的原因；（3）并不存在直接把 $X$ 和 $Y$ 联系起来的因果关系，例如 $X$ 和 $Y$ 通过另外一个可能既是 $X$ 的原因也是 $Y$ 的原因的 $Z$ 而联系起来；（4）纯粹出于偶然。

有很多统计推断技术被设计出来排除最后这种纯粹出于偶然的情况。统计显著性的概念即试图将基本关系和那些由于抽样误差而在数据中将它们凑巧揭示出来的关系区分开来。但是，$X$ 和 $Y$ 之间的相关性在（1）～（3）任何一种情况下都是统计显著的。

幸运的是，如果我们只是想从这个世界学习一些东西，那么我们无须担心因果性。如果我们看到了一个拥有一辆昂贵汽车的人，那么我们可能会得出结论认为她更可能比拥有一辆不值钱的汽车的人更有钱。即便我们相信因果性是以另外一种方式来呈现的，即她之所以购买一辆昂贵的汽车只是因为她能买得起，这也会是一种有效的统计推断。

不幸的是，如果我们希望研究现象之间的关系，以便改变这个世界上一些事物，那么我们的确需要建立因果关系。如果你想拥有一辆昂贵的汽车，那么你应该试着变得更富裕，这才是有意义的。但是你买一辆昂贵的汽车，希望自己因此变得富裕，这很可能不是一个好主意。

有很多例子，在这些例子中常识会确保我们不会将相关关系和因果关系相互混淆。生病了和看医生是相关的，但是我们不大可能会错把医生看成疾病的主要原因。更高的小孩会有更高的父母，但是很显然孩子的身高并非父母身高的原因。为了考虑那些具有多于两个变量的例子，我们会发现希腊的人口规模和阿根廷的人口规模是相关的（在不同的年份里），这可能是两国人口随时间都在增长的结果。这种虚假的相关关系源自于两个因果关系，但是其自身并没有传递出因果关系的信息。一旦我们控制了相关的变量，那么虚假的相关关系就会消失。如果我们考虑了时间变量，那么我们会发现，给定这些变量的影响，另外两个变量就不是相关的。

但是也有很多例子，于其中因果关系并非如此显而易见。假设一项研究发现稍微抽点烟的情况下疾病发生的概率要比根本不抽烟的情况下疾病发生的概率还要小，而只有在很高的尼古丁摄入的水平上才可以观察到负面的健康影响。我们会怀疑少抽一点烟是不是确实对我们有益（的确，据说红酒就是这种情况）。但是也可能是这样的情况：未抽烟的人群包括了那些已经生病以及那些遵医嘱停止抽烟的人。在这种情况下，生了病的未抽烟的人确实没有抽烟，因为他们生病了而不是其他原因。

如果我们发现孩子们的语言表达能力和他们的身高相关，那么我们不可能为了让孩子们具有更强的语言表达能力而将他们拉长。我们可能会认识到，年龄必是导致身高增长和语言表达能力增强的共同原因。在这种情况下，常识会帮我们排除身高和语言能力之间的直接因果链。而如果我们发现较富的父母的孩子在学校表现更好，那么我们会发现很难判断哪个因果性理论能更好地理解它：更多的金钱带来了更好的教育是有可能的，而那些先天就比较有天分的人会拥有更多金钱也会有更有天分的孩子。

我们如何建立因果关系呢？如果我们知道哪个变量居间协调了 $X$ 和 $Y$ 之间的相关关系，那么它可能是二者的共同原因（比如在前例中父母的天分），我们可以将它们涵盖在分析里，并看看相关关系是否继续存在。如果给定所猜测的变量 $Z$ 的相同取值，$X$ 和 $Y$ 之间的相关性仍在那里，那么这个变量可能并非 $Y$ 的原因。

但是我们应该考虑多少变量呢？一个既定现象的原因可能很难穷尽。因此，对实验加以控制就是值得期待的，于其间我们可以只改变一个变量 $X$ 的取值，考察它对变量 $Y$ 的影响。如果随机地赋予给 $X$ 不同的取值，而且有不同的 $Y$ 值相因应，那么我们会感到因果性关系已经建立起来。有关随机匹配的技巧是这样的，我们应该进行控制的另外一个变量 $Z$ 在不同的群组里（由 $X$ 值定义）具有相同的分布。例如，如果我希望检验一项新的学习程序的有效性，那么我可以将学生随机分配在不同的群组里，以使最终他们在绩效上的显著差异只能归于分配给他们的学习程序。

然而，在很多情况下可控实验是不可能、不可行或者违背伦理的。历史就是一个例子，在其中实验于理论上即不可行。我们无法重建苏联，然后看看是什么导致了它的瓦解。此外，那些涉及一个国家、整个社会或经济体的实验也是不可行的。可行实验也需要在合理的时间内结束。找出某种教育体制对孩子们未来表现的影响，可能需要这个实验持续比如说 40 年时间。等到这个时间到了的时候，可能它已经不再相关。最后，伦理上的约束也很

*66*

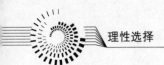

多。例如，假设我们不确定怀孕的妇女喝点酒是否会无害。我们无法取一个孕妇的样本，随机地让她们其中一半人喝酒，而另一半不喝酒，以便看看哪个群组生出来的孩子有更多生理缺陷。

有不少更为精妙的统计技术，可以基于自然可取的数据识别因果关系。但是它们都有局限性，从而在宏观经济学和金融学、政治学、社会学等领域遗留了大量未经回答的因果性问题。此外，所报告的很多统计性关联尚缺乏进一步的分析。因此，当利用统计数据时，提醒自己相关关系并不意味着因果关系是非常重要的。

### 5.4.5 统计显著性

在统计上被事实证明的标准的方法，是假设检验。这种技术并不总是那么直截了当，值得对之如何运作进行解释。

当一个研究人员怀疑比如说抽烟是否和肺癌相关时，她给出了一个有待检验的假说。这个待检验的假说是我们意欲证实的猜想的反面。为了更加谨慎，我们这样来表述：只有在某事实客观地超出了合理怀疑的情况下，它才会被证明。这样一来，我们给予这一猜想的反面以怀疑的好处。在这个例子里，研究人员会以虚拟假设 $H_0$ 来表达猜想的反面，即认为抽烟和肺癌无关。与之相联的假设会取另外一种作用结果，通常表示为 $H_1$。

接下来，研究人员选择了一个检验，它是一种选择样本、实施某些计算并基于这些计算做出是拒绝 $H_0$ 还是不拒绝它的判断。这个样本典型地由来自相关总体——比如抽烟者总体和非抽烟者总体——中得到的 i.i.d. 随机变量构成。然后，这个检验可以告诉我们，当且仅当在抽烟者总体中肺癌案例的百分比充分高于非抽烟者总体中的百分比时，该虚拟假设应予拒绝。

什么是充分高？我们先从观察统计证据开始，它几乎从未被赋予经逻辑证明的确定性程度。无论样本有多大，也无论两个总体之间的差别有多明显，样本中的差异乃是由于偶然造成，仍然是可能的。认识到事物的正态状态，我们可以问若将数据与虚拟假设相协调需要多大的偶然性。也就是说，如果我们的确给 $H_0$ 以怀疑的好处，并假设它是正确的，那么我们的确观察到那些情况有多大的可能？如果答案是非常不可能，那么我们就以拒绝 $H_0$ 了结，因此这就证明了另外一面是成立的。

换言之，假设检验的基本逻辑与以下做法类似，即表明坚持我们所欲证明的该断言的反面是非常尴尬或荒谬的。举个例子，烟草商坚持认为抽烟对肺癌没有影响。从先验的角度看，这是一个有效的猜想。但是如果我们在一个非常大的样本中看到几乎所有的抽烟者都饱受疾病之苦，几乎所有的不抽烟者都没有受到这样的苦痛，那么我们就可以这样问烟草商："哈，你现在怎么说？"他可能回答道："那只是一个巧合罢了。"然后我们应该问道："好吧，让我们来试着把它数量化——你希望我们相信发生偶然的机会有多大？我们假设两个现象不相关联，然后计算我们在你的假设下切实观察到的数据之（最大）概率会是多少？"假设我们通过计算，发现这一最大概率为0.001。现在，我们可以折返回来，对这个烟草商说："抱歉，我们不能相信你的猜想。一切在理论上都有可能。但是你请求我们相信的是，我们只是见证了一件非常不可能发生的事件的出现。而承认这两种现象之间具有关系才是更有意义的。"

　　重要的是要认识到，假设检验并不依赖于对假设正确（及其反面）的可能性的先验判断。这样的先验判断必定是主观的。假设检验追求客观性。因此，它不会依靠主观的先验信念来反映偏误、偏见或先入之见。

　　关于对假设检验的解释，还是有一些重要的附加说明要给出来：

　　● 当一个假设基于数据被拒绝时，它必然不是由数据认定为正确的或被数据强烈支持的。无法拒绝一个假设（有时候指的是接受）只是意味着它可以被接受。为了证明假设 $H_0$，我们需要转换角色，定义 $H_0$ 为备择假设，试着拒绝 $H_0$ 的反面。通常，该假设及其反面都不能基于可获得的数据被拒绝。关键在于，当我们将自己局限在客观陈述上时，我们不得不对很多问题保持缄默。

　　● 当假设检验试图表现出客观性时，总有一些主观性的根源。在很多现实生活情境中，表达一个假设有着不止一条途径。对于一个特定的假设来说，存在着很多可能的检验。偶然性的程度被称为显著性水平，它可以在不同水平上被择取。

　　科学研究试图以不同的方式处理这些主观性的根源。例如，关于真实生活事件的一个具体猜想可以在不同形式的假设外表下进行检验。对于很多简单的假设来说，存在着由理论思考所选择的标准检验，所以在根据我们的目标进行检验择取上有较少的自由发挥的空间。在一个既定的科学共同体内，显著性水平的标准的择取，也已经成为惯例。客观性总是被我们赋予的，记取这一点还是颇有裨益的。

　　● 一种在统计上显著的效应在该词语的任一直观意义上都不必是显著的。例如，假定非抽烟者得肺癌的概率是 0.129，而抽烟者的该概率为

0.013 2。在这种情况下，对于充分大的样本规模而言，我们可以很自信地认为，我们最终会拒绝两个总体中概率相同（或抽烟者的该概率更低）这个假设，因此证明抽烟和肺癌有关。进而言之，对于所选的任一作为阈值的显著性水平，这都为真。但是这一差异并非至关紧要；抽烟导致了不足 2% 的概率的增加（相对于 1.29% 这个基础而言），而总的危险还是蛮低的。事实上，给定这些（假设）数字，抽烟者可能会发现即便患病的概率对于抽烟者来说显著高于非抽烟者（在统计意义的显著性上），继续抽烟仍然是合理的。

统计学业已发展出了更多精致的技术方法来处理这一问题。特别地，效应规模这一概念试图在效应规模和被用于证明其显著性的样本规模之间进行权衡。但是这样的精致概念很少在流行的出版物中出现。事实上，当我们读到"科学家们已经表明……"时，我们对他们所使用的检验细节知之甚少，这一点是颇具典型性的。

● 另外一个问题涉及当我们先验地计划开展一项研究时对显著性水平的计算。在实际的研究当中，我们常常会在数据搜集上来之后紧跟着提出假说。事实上，这一习惯对于科学发展而言至为关键。当观察到数据时，继续发展理论只是自然而然要做的事情罢了。但是显著性的概念假设的却不是这种情况。此外，如果我们在一个给定的总体中测量很多个变量，那么我们可能可以发现一些在事后被拒绝的假设。科学的经验研究在试图避免此类现象上的确是非常谨慎的。但是，需要再次强调的是，我们对科学发现的日常认识通常很容易为这些陷阱所左右。

# 第三篇
# 群体选择

到目前为止，我们一直假设决策者是单一的。这个决策者可以是一个人，也可以是像国家或企业这样的组织。它可以是一只动物或一个物种，甚或可以是一个像机器人这样的非生命体。所有这些决策者都可以被认为具有一个效用函数，可以被看成在确定和不确定的情况下根据客观或主观信念进行决策，这些信念反映了正确或错误的统计推断。总之，到现在为止，我们的讨论在其应用上而言都是非常一般化的。但是当涉及的是不止一个人的决策时，对于选择应该是什么或选择应被如何做出，前文却只字未提。

在社会科学中，很多问题都涉及了不止一个个体，它们所处理的一个主要问题是如何对不同个体的偏好进行协调。我们可以来看经济中的市场，其中每一个市场都规定了各种商品配置给每个人多少。在这个例子里，个体与其他人都很类似，但是由于每个人消费的是他的商品份额，每个人都偏爱更多而不是更少，所以他们可能存在着利益上的冲突和矛盾。我们也可以来思考一下一个国家的对外政策，其中所有的公民都经历着相同的结果，但是对它的评价却众说纷纭。还有一些情况，其中每一种方案都规定了每一个个体的私人消费以及对公共物品（比如学校、医院、公路和军事武装）的整个经济体的联合消费。在这种情况下，协议的难以达成会出现，这部分是由于私人物品的配置，部分则是由于人们在偏好上的千差万别。

每个个体 $i$ 在不同的备择项上具有偏好。假设它们可以由效用函数 $u_i$ 予以最大化。我们能在给定个体偏好的情况下定义一个社会的偏好吗？换言之，我们能对偏好进行加总吗？

对个体选择的讨论并不能得出一个在描述性和规范性理论之间非常清晰的分野。原因在于我们的理性概念和成功的规范理论的概念是紧密相连的，而二者都必须对理论和行为之间的比较进行处理。如果人们可以确信自己会遵守一个规范性理论，那么它就是成功的。如果人们对发现一个理论适用于自身并不感到为难，或者如果人们无法确保他们不会遵守它，那么这个理论就描述了所谓的理性选择。这两个概念并不等同，因为我让你相信行为的某种模式对你而言既不错误（因此对于你而言是合理的）也不正确（因此作为一种规范性理论并不有效）是可能的。然而，这些概念是非常接近的。

当我们讨论个体的群组时，情况就不一样了。每个决策者都是理性的，其不能确保会单边改变他的行为，但是该群组能确保共同地改变它的行为，这一点却是可能的。例如，我们可以考虑一个法律体系，并给出在该体系下个体的理性选择理论，而我们也可以考虑一个建议改变该法律体系的规范性理论。这样一来，在群体中讨论理性选择，我们需要给出在描述性理论——描述了个体给出的理性选择——和规范性理论——推荐行为模式给一个社会整体——之间的更为清楚的界定。

这一部分从规范性方法开始，集中考虑偏好应该予以如何加总。在这一讨论中我们给出帕累托最优的概念。这个确实比较弱的标准可以被作为后续描述性讨论的基准。

# 6 偏好的加总

## 6.1 效用的加总

最简单的偏好加总方式似乎就是将所涉及的所有个体的效用函数进行相加，然后对这个总和进行最大化计算。如果我们用效用函数 $u_i$ 测度个体 $i$ 的福祉，那么在个体间进行效用加总可以给出整个社会的福祉的一个测量指标。将这个加和予以最大化，似乎就是要做的正确之事。

这一最大化常被认为是功利主义。这个词语是 18 世纪晚期由杰里米·边沁给出来的，此公认为我们应该追求"最大多数人的最大幸福"。在 19 世纪中期，约翰·斯图尔特·穆勒也对这一哲学立场贡献多多，并对之进行了精炼。特别地，他认为有很多效用的决定因素不应该为功利主义加总所支持。例如，幸灾乐祸（以他人的不幸为乐）就普遍被认

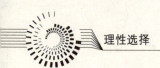 

为是应该从效用加总中予以排除的享乐类型，也不应该为社会所最大化。

功利主义经常受到批评，因为它是从后果中去推导善与恶，而不是从一般的原则中将之推出的。伊曼纽尔·康德是最为杰出的反功利主义者，他认为一个行为的道德性应该由我们应遵守的一般性规则来决定，而不应根据它可能导致的特定结果来确定。在正式的模型中，这一批判可能可以这样来重述：我们所考虑的后果也应该规定是遵循了何种规则以及何种规则被违反了。这一对后果的再解释会使得功利主义的正式模型能够体现某些非功利主义者的思想。也就是说，我们可以将功利主义作为一种范式而不是一种理论来使用（参看 7.1.8 节）。

效用函数的人际可加性让人联想起期望效用的概念，在那个概念里我们在世界的不同状态或不同的可能前景之间将效用函数相加。事实上，这一数学上的类推是非常深刻的。约翰·豪尔绍尼（在 20 世纪 50 年代）和约翰·罗尔斯（在 20 世纪 70 年代）认为，当考虑一个社会选择问题时，我们应该问一下如果决策者还没有出生且其身份未知，那么这个选择会是什么样。[1]在"无知之幕"背后的"初始地位"上，社会选择问题的确是不确定性下的决策问题。如果我们愿意及时地接受这一向后的智力跳跃，而且如果当我们面对不确定性时最大化期望效用，那么我们可能会发现这是一个支持社会选择问题中功利主义的理由所在。

我们会乐于讨论"无知之幕"背后那个假设的决策问题，但是却拒绝在这个问题上使用期望效用最大化的原理。在不确定性条件下决策的不同标准会带来处理这个社会选择问题的不同方法。的确，罗尔斯认为，最为保守的标准即最大化最差结果（最大最小），它会带来对最大化那些最差个体福祉的社会政策的偏好。

有不少问题，试图根据效用函数加总来使得功利主义运转起来。第一，用于测量偏好的效用函数是否确实可以测量福祉或幸福（参看第 10 章）并不是显而易见的。第二，描述个体选择的效用函数并不唯一。即便是风险条件下选择的 vNM 效用函数也可以根据平移（加上一个常数）和乘以一个正

---

[1] J. C. Harsanyi, "Cardinal Utility in Welfare Economics and in the Theory of Risk-Taking," *Journal of Political Economy* 61 (1953)：434 - 435；J. C. Harsanyi, "Cardinal Welfare, Individualistic Ethics, and Interpersonal Comparisons of Utility," *Journal of Political Economy* 63 (1955)：309 -321；J. Rawls, *A Theory of Justice*, Cambridge, Mass.：Harvard University Press, 1971.

常数来给出。这一自由度要使得功利主义的定义面临困难已然足够。

为了看到这一点，假定有两个个体 1 和 2。对于每一个备择项 $x, u_1(x)$ 是个体 1 的效用，$u_2(x)$ 是个体 2 的效用。如果我们只想找出对于一个单一的个体而言最好的备择项，那么对转换形式的选择就不怎么重要。最大化 $u_1(x)$ 和最大化 $2u_1(x)+3$ 是等价的。即便对 $u_1(x)$ 期望的最大化也和对 $2u_1(x)+3$ 期望的最大化是等价的。此外，在 $u_1$ 上加上 3，即便对于这些效用的总和进行最大化也毫无分别。如果我们这样做的话，那么每一个社会备择项 $x$ 都可以由另外三个加总效用点来评估，但是对最佳备择项 $x$ 的选择不会因这一平移受到影响。然而，乘以数字 2 就会带来很大的差别；它决定了参与人 1 在社会中的权重。

具体来说，令 $U$ 为具有以下初始函数的功利主义加总函数：

$$U(x)=u_1(x)+u_2(x)$$

并令 $V$ 为将个体 1 的效用进行修正之后的相应加总：

$$V(x)=2u_1(x)+3+u_2(x)$$

假定有两个备择项 $x$ 和 $y$，对这两个人来说，效用取值如下：

|     | $u_1$ | $u_2$ |
| --- | --- | --- |
| $x$ | 0 | 10 |
| $y$ | 8 | 0 |

显然有

$$U(x)>U(y) \text{ 但 } V(x)<V(y)$$

换言之，如果我们选择 $u_1$ 或（$2u_1+3$）来表示个体 1 的偏好，那么即便这两个函数在其可观察的意义上是等价的，效用总和的最大化也会给我们带来不同的社会偏好。对于 $u_1$ 或（$2u_1+3$）是否是个体 1 的"真实"效用函数，缺乏科学的论证。然而，在 $x$ 和 $y$ 之间的偏好却有赖于这个问题。

效用值的最大化还有另外一个问题，那就是它所处理的必须是真实的报告。假设我们有一个偏好调查问卷，它可以测度个体的效用函数。在认识到这项测度将会用于个体之间的效用相加之后，每一个个体都有动机报告那些在更大的刻度上分布的值，以便有效地在社会加总中取得更大的权重。这样

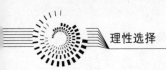 

一来，即便我们有办法在函数 $u_1$ 和（$2u_1+3$）之间进行区分，我们也不应该假设所有的个体都会真实地报告他们的效用函数。

如果我们忽略了个体的真实效用函数，并将功利主义应用到一个由社会计划者施加在个体身上的共同效用函数上的话，那么这两个问题——效用函数的非唯一性和个体报告的可操控性——都可以得到解决。这个社会计划者或公正的旁观者判断出了结果（比如经济中的商品束）的效用，然后既不求助于调查问卷，也不关注个体的偏好，即选择一个在个体间最大化这个（单一）效用函数总和的选项。

这个思想有很大的优点，它可能是一个关于我们在实际中做什么的良好模型。假设有两个个体，个体 1 每天收入 100 美元，个体 2 每天收入 5 美元。现在考虑收入的一种重新分配方案。假设个体 1 认为将他的收入从每天 100 美元增加到 101 美元会带给他效用上巨大的增加，这一效用的增加远大于个体 2 每天的收入从 5 美元降到 4 美元而给个体 2 所带来的效用损失。这样的观点看起来是非常荒谬可笑的。但是如果我们没有办法对效用做人际的比较，那么我们如何将它予以排除并不是那么容易看得出来。与之相对，如果我们接受一个单一的效用函数，将它运用到所有个体的收入上，并将它加总，那么这样的观点就显得不恰当了。对于一个合理的效用函数来说，我们会发现将 5 美元一天降到 4 美元一天所带来的效用损失要大于从 100 美元一天上升到 101 美元一天所得到的效用增加值。

的确，如果我们相信货币的边际效用是递减的（针对我们已有的货币量），也就是说，如果我们假设该效用函数是凹的，那么这些个体间效用的加总会偏爱平等主义的配置。这确实和风险厌恶是同一个逻辑；在被加数的分量的相加都是平滑均匀的时候，凹函数可以带来一个更好的加和。如果我们在世界的状态上进行加和（在期望效用的情况中），那么我们会偏好更小的风险；如果我们在个体上进行加总（在功利主义的情况中），那么我们会偏好更少的不平等。

这为累进税提供了一条辩护理由，这项征税政策使富人要支付比穷人更高的边际税收。做出决策之后，我们必须要在多给富人一美元还是多给穷人一美元之间进行选择，而我们偏好后者。

然而，要注意，将一个预先规定的效用函数赋予所有个体，而无论其个人的偏好，并不意味着效用的人际可比。事实上，它是通过忽略个体的效用函数而避免这一问题的一种方法。这一方法对于收入再分配而言是颇有意义的，但是当我们考虑更为一般的多于一种商品的备择项时它看起来并不是非常令人满意。人们的确在其偏好上千差万别，而这正是彼此交易的原因所在。而且，很多选择问题并不是关于商品的重新分配的问题，而是关于作为一个整体的群体所做的选择的问题。当一群朋友争论该去看哪部电影时，以及当一个国家决定是否发动对另外一个国家的战争时，就什么才是群体最佳的利益这个问题，往往在偏好和观点上众说纷纭。在这些情况下，我们就不具备描述群体中每个个体偏好的函数 $u$ 了。

总结一下，效用的加总是一个颇有吸引力的备选方法，但是它有着很多概念和实际操作上的困难。用在重新分配问题上时，它看似适用，在这个问题上偏好的差异可以被忽略。更为一般地，我们理解了何以大部分经济学家偏爱避免对效用做人际的比较。

## 6.2 孔多塞悖论

在前文的讨论中效用加总的一个主要的概念性问题就是个体效用函数仅服从单调变化。也就是说，它是序数的而非基数的。因此，将注意力局限在可观察的数据上，也即限制在每个个体所做的成对比较并看看他们对之做何评价上，是有意义的。特别地，当我们对两个备选项进行比较时，最自然的事情莫过于投票且遵守多数原则了。这看似是最为民主的，也是最为常见的非暴力解决冲突或加总偏好的方法。

不幸的是，这样一个针对冲突的解决方法很难是合理的。在 18 世纪，马奎斯·德·孔多塞给出了下面这个悖论。假设有三个备选项 $x$、$y$ 和 $z$，以及三个个体，他们具有以下偏好：

|  | 个体 | | |
| --- | --- | --- | --- |
|  | 1 | 2 | 3 |
| 排序 1 | $x$ | $z$ | $y$ |
| 排序 2 | $y$ | $x$ | $z$ |
| 排序 3 | $z$ | $y$ | $x$ |

这里每一列规定了一个个体的偏好，其备择项排序是从高到低排列下来的。当我们针对 $x$ 和 $y$ 进行多数投票时，$x$ 以三分之二的票数胜出；个体 1 和 2 偏好 $x$ 胜过 $y$，只有个体 3 偏好 $y$ 胜过 $x$。接下来，如果我们要求个体

们在 $x$ 和 $z$ 之间进行投票的话，则 $z$ 也会以三分之二的票数胜出（个体 2 和 3）。最终，当这个最新的胜者 $z$ 面对 $y$ 时，后者又会再次以三分之二的多数胜出（个体 1 和 3）。多数投票可能会产生循环。由于它无法确保偏好的可传递性，所以这一方法不能用于总偏好。

孔多塞悖论也表明，序贯投票是能够被操控的。假设我是一个会议的主席，在这个会议上 $x$、$y$ 和 $z$ 其中之一要被选上。如果没有任何决策制定出来，那么备选项中的一个就是保持现状（一般而言，如果有不决策这个选项的话，那么我们预期它也可以列为备择项之一）。假设我知道人们在会议上的偏好，并且知道他们会被分成规模相同的三个群组，具有如前表中的 1、2 和 3 的偏好。我确实可以偏好 $x$。我可以建议我们首先考虑 $y$ 和 $z$。这样就有多数支持 $y$，而 $z$ 被排除。现在我建议在 $y$ 和 $x$ 之间进行投票。结果多数票投给了 $x$，我建议我们将此作为我们的民主投票结果进行记录。每个人可能都知道 $z$ 能打败 $x$，但是重新提出这个议案看起来会是浪费时间的；毕竟，$z$ 不是已经被排除了吗？

很显然，这不仅可以运用到 $x$ 上，而且可以运用到任何其他受偏好的选择上。这可能表明，控制议程的人可以完全控制选举的结果。在现实中，我们会期待人们都足够成熟老练，可以看出这一过程在哪个地方挑战了议程中议案的顺序，人们可能也会策略性地进行投票，也即以一种不需对其真实偏好有所因应的方式进行投票。但是关键问题仍然存在。如果只有两个备择项，那么在不同的备选项对之间的多数投票是一个很不错的想法。超乎此，它们就是有问题的了。

## 6.3 不可能性定理

### 6.3.1 阿罗定理

我们可能会想，就多数投票而言，到底是什么带来了非传递性的结果？在将二元偏好进行加总方面，我们可能很难想出更为明智的方法，但是我们也许能找到一种加总方法，它不会带来这样内在不一致的选择。不幸的是，情况并非如此，这一点阿罗已经给出了证明。[1] 思考新的加总方法根本没有用处，因为压根就没有这样的方法存在。

这里我非正式地描述一下阿罗定理（正式的表述在附录 B 中给出）。假

① K. J. Arrow, "A Difficulty in the Concept of Social Welfare," *Journal of Political Economy* 58 (1950)：328 – 346.

设至少有三个备选项。在这三个备择项上每个个体都有一个可传递的偏好关系。对这一社会选择问题的输入是一个剖面，也就是说，是一个偏好的列表，它给每个个体赋予一个偏好。我们可以将之看成一种函数关系，把偏好的这类剖面作为输入，把由其产生的另一社会的偏好关系作为输出。我们希望社会的偏好是可传递的（就像每个个体的偏好一样）。假设所有涉及的排序（个体的和社会的）不允许存在无差异（即平局）的情况。这个假设并不是很关键，但是它可以对一个条件的陈述有所简化。

关于这一加总函数，阿罗给出了两个公理。

**一致同意**　如果每个人都偏好 $x$ 胜过 $y$，那么社会也应如此。这是作为任何加总概念都应被满足的最低条件。的确，可以来看一个反例，我们需要想象一个每个人都偏好 $x$ 胜过 $y$，但社会计划者却选择 $y$ 胜过 $x$ 的情况。我们搞不清楚这样的选择是基于什么样的理由做出的。

**无关选项的独立性（IIA）**　两个特定备选项 $x$ 和 $y$ 之间的社会偏好仅取决于这两个备选项之间的个体偏好。由于一致同意是一个可以运用到一个给定偏好剖面的公理，所以 IIA 也是一个内在自洽的公理；它要求偏好在不同剖面中的加总应该以（大致上）能够被理解的方式彼此联系。要注意，如果我们有一个关于个体偏好的特定剖面，那么 IIA 公理并不会以任何方式限制社会偏好。它只是说，如果给定一个剖面，社会就会偏好 $x$ 胜过 $y$，那么，给定其他剖面（这样的剖面中每个个体对于 $x$ 和 $y$ 都有与第一个剖面相同的偏好），社会应该也偏好 $x$ 胜过 $y$。对这个公理我们稍后还会更加详尽地进行讨论。在这一点上，可以充分理解其基本逻辑。

阿罗的结论是，满足这两个条件的函数只能是独裁的，也就是那些总接受一个特定个体的偏好的函数。很容易看出，这类函数将能达成目的。比如说，如果社会的偏好总是被定义为个体 1 的偏好，那么当每个人都偏好 $x$ 胜过 $y$（一致同意）时，具体到个体 1，他也会偏好 $x$ 胜过 $y$，则这个社会也是如此；（IIA）社会在任意两个 $x$ 和 $y$ 之间的偏好，仅取决于个体对这两个备选项的排序方式；事实上，它仅取决于这些个体中的一个对这些备选项的排序。

这样一来，有 $n$ 个个体，就会有 $n$ 个不同的独裁函数满足阿罗的两个条件。令人惊诧的是，这是仅有的满足阿罗两个条件的函数。

理解了不可能性定理的目标是一个函数是非常重要的。也就是说，我们在寻找一个偏好加总的一般性规则，它应该为加总偏好的任何剖面做好准

*79*

备。阿罗不可能性定理并不是说在一个特定的社会，也就是说，对于一个特定的偏好剖面，没有办法加总偏好。它的意思是说，对于所有可能的剖面以一种自洽的方式来进行偏好加总是不可能的。

这个结果被称为阿罗不可能性定理。之所以称它为不可能，乃是因为无论偏好加总应当意在何指，其都无法表明有一个独裁者。如果 $f$ 是独裁的，那么它不会进行任何加总——没有妥协、没有得与失、没有一点民主的气息。或者，换一种说法，这个定理告诉我们，任何非同寻常（在它不是独裁这个意义上来说）并且满足前述两个公理的加总都不能得到一个可传递的顺序。如果我们使用了这样一种加总方法，则社会偏好会表现出如孔多塞悖论当中那样的某种不可传递性。

### 6.3.2 得分规则和评分系统

虽然 IIA 公理很自然，但它很难像一致同意公理那样强烈。举个例子，我们来看下面这两个剖面，备择项的排序是从高（最被偏好）到低的（最不被偏好）：

|  | 个体 | | | |
| --- | --- | --- | --- | --- |
|  | 1 | 2 | 3 | 4 |
| 排序 1 | $x$ | $x$ | $a$ | $a$ |
| 排序 2 | $a$ | $a$ | $b$ | $b$ |
| 排序 3 | $b$ | $b$ | $y$ | $y$ |
| 排序 4 | $y$ | $y$ | $x$ | $x$ |

以及

|  | 个体 | | | |
| --- | --- | --- | --- | --- |
|  | 1 | 2 | 3 | 4 |
| 排序 1 | $a$ | $a$ | $y$ | $y$ |
| 排序 2 | $b$ | $b$ | $a$ | $a$ |
| 排序 3 | $x$ | $x$ | $b$ | $b$ |
| 排序 4 | $y$ | $y$ | $x$ | $x$ |

在两个剖面中，$x$ 和 $y$ 的相对排序都是相同的。头两个个体偏好 $x$ 胜过

$y$，另外两个个体表现出相反的偏好。IIA 公理要求社会加总函数在两个剖面中都将 $x$ 排在 $y$ 前，或者将 $y$ 排在 $x$ 前。但是这看起来就不对了。在第一个剖面中，这两个偏好 $x$ 胜过 $y$ 的个体将前者放在非常高的位子上，将后者放在非常低的位子上，然而那两个偏好 $y$ 胜过 $x$ 的人对二者的排序都很低。看起来，那些偏好 $x$ 胜过 $y$ 的人对他们的偏好比那些偏好 $y$ 胜过 $x$ 的人感受更为强烈。我们可能会说，在这种情况下偏好 $x$ 胜过 $y$ 是有道理的。在第二个剖面中，这种情况反了过来。这一次同样的推理却得出了偏好 $y$ 胜过 $x$ 的结果。这将违背 IIA 公理。

但是那些偏好 $x$ 胜过 $y$ 的人比那些具有相反偏好的人"感受更为强烈"到底是什么意思呢？我们知道我们无法在个体上对偏好进行比较。然而，其他备择项的存在性和它们对于 $x$ 和 $y$ 的排序方式——在 $x$，$y$ 备选项对之间或者之外——可能透露了一些信息。重要的是，$x$ 和 $y$ 之间备择项的数量是一个可以观察的数量，这个数量被用于偏好优点的间接测度。的确，如果每一个备择项都被以 i.i.d. 的方式从一个给定的分布中赋予一个值，那么备择项碰巧在 $x$ 值和 $y$ 值之间取值的数字会告诉我们关于这些值之间的一些信息。

总之，IIA 公理可能不像它开始表现的那样有说服力。如果我们愿意拿掉这个公理，那么会有很多种方式来加总偏好，以满足一致同意公理，并且在没有指定独裁者的情况下获得可传递的社会偏好。例如，假设每个个体都填一个评分表，这个表中备择项的分数即其在从最低往上排序中的位置。在本节的第一个剖面中，对头两个个体来说，$x$ 的分数为 4，对其他的两个个体来说，$x$ 的分数为 1。$y$ 的分数将会是 1，1，2，2。将所有分数加起来来定义一个社会效用函数（或等价地来计算它们的平均值）是很自然的。那么，我们就会发现在第一个剖面中 $x$ 的分数在总体上要比 $y$ 的分数高，在第二个剖面中正好反过来。

这一评分系统即所谓的博尔达计算，它是由让—查尔斯·德·博尔达在 1770 年提出来的。显然，这个加总函数满足一致同意公理。然而，它却不是满足一致同意公理的唯一的评分系统，因为我们不需要以同等的幅度对之赋予分数。例如，在有四个备选项的情况下，我们可以为每个个体将备择项的分数决定为 0，1，9，10。如果所有个体都偏好 $x$ 胜过 $y$，那么每个个体会分配给 $x$ 比 $y$ 更高的分数，因此 $x$ 会有比 $y$ 更大的加和。

分数由备选项的排序来决定这样的评分系统也被称为得分规则。更一般

*81*

地来说，我们可以认为评分系统允许平局，允许不同的个体使用不同的刻度这种可能性存在，等等。其关键特征是，一个人投出了选票并赋予了每个备选项以一个数值分数，而备选项是根据它们的分数总和来排序的。所有这些系统都有着良好的特征，如果我们取两个不交的总体的并，那么其中每一个总体都偏好 $x$ 胜过 $y$，这个偏好也可由两个总体的并来呈现。[①]

在相对多数的投票中，每个个体都选择一个备选项，社会的排序由每个备选项所获得的投票数来定义。这是一种得分规则的特殊情况，其中得分（分数）被严格限制在 0 或 1 上，此外，每个投票人都只能为一个备选项赋予 1 值。

另外一种特殊情况保留了分数为 0 或 1 的限制，但是允许每个投票者对任意多的备选项赋予 1 值。当我们将这些得分加总时，我们基本是在为每一个备选项计算有多少个个体给它赋值为 1。这种投票方法被称为同意投票（approval voting），它是由罗伯特·韦伯以及由斯蒂芬·布拉姆斯和彼得·费什博恩在 20 世纪 70 年代提出来的。[②] 其思想是这样的，不要求投票人选择一个候选者，但是要求投票人说出他们同意谁是候选者。

为了看看同意投票在多元投票上的优势，我们来考虑下面这个例子。在美国总统选举中，有两个主要的竞争对手，代表着民主党和共和党。也经常有一些独立候选人，他们几乎从未有过获胜的机会，但是他们还是出于各种各样的原因出来竞选。例如，一个绿色候选人，他提出要把保护环境作为单一议题，可能不会赢得选举，但是他却可以发挥重要作用，并能改变选举的进程。可以这样说，这样的候选人应该退出，因为他会从民主党候选人手中拉走一部分选票，民主党候选人的观点一般来说会和他更为接近一些。

在各种各样的例子中，很难看出来这怎么能发生。将一个阵营分割成更小的子阵营总是危险的，因为这会使得一个事实上是少数派的党赢得多数选票。例如，假设左翼政党拥有 60% 的选票，它可以打败只拥有 40% 选票的

① 在出现其他公理的情况下，这个条件也对得分规则进行了概括。参看 H. P. Young, "Social Choice Scoring Functions," *SIAM Journal of Applied Mathematics* 28 (1975)：824-838；R. B. Myerson, "Axiomatic Derivation of Scoring Rules without the Ordering Assumption," *Social Choice and Welfare* 12 (1995)：59-74；I. Gilboa and D. Schmeidler, "Inductive Reasoning：An Axiomatic Approach," *Econometrica* 71 (2003)：1-26.

② S. Brams and P. Fishburn, "Approval Voting," *American Political Science Review* 72 (1978)：831-847；R. J. Weber, "Approval Voting," *The Journal of Economic Perspectives* 9 (1995)：39-49.

右翼政党。那么，左翼政党分裂成了两个更小的党派，每一个拥有选票30％，它们之间的立场只有一些细枝末节上的差异。团结则成功，分裂即失败。显然，右翼政党会赢得选举，因为它拥有了最大的选票份额。投票者的多数仍然偏好另两个政党中的一个，而不是这个最后的优胜者。

一种可能的解决方案在法国总统选举中得以实施，那就是有两轮投票；在第二轮投票中，只有最顶端的两个候选人进行竞争。这样一来，在前面的那个例子里，第二轮就会有一个左翼政党打败右翼政党。但是有时候两轮还不够。与之相对，同意投票看起来可以缓解这一问题。比如说，如果左翼政党一分为二，那么投票人会投出对二者都赞成的票，而不会弱化其势力。

### 6.3.3　吉巴德-撒特茨威特定理

尽管前一节给出了一种乐观主义的论调，但是问题仍未由同意投票或一般性的得分规则所解决。原因是这样的，投票人可能仍然有激励去报告那些并不能切实反映其想法的偏好。在前一个例子里，假设有两个左翼政党，它们由60％的投票人支持，而只有一个右翼政党，由40％的投票人支持。同意投票可以被选做投票规则，而我是一个左翼的投票人。我该怎么投票？

我可能会投票赞同两个左翼政党。但是如果所有的人都这么做，那么这两个政党中每一个都会有60％的人同意，二者皆可打败右翼政党。对我来说，这是一个好消息。认识到左翼政党会被选出来，我更加轻松了。但我可能仍然会为哪一个会被选上而烦心。如果我有某个细微的偏好，并偏爱其中一个政党的话，那么只同意我最喜欢的那个政党对于我来说可能更有意义，这样一来，对于得到最为广泛同意的政党而言，其在竞争中就有了一点优势。但是如果每个人都以这种方式投票，那么我们就又回到了多元投票的情形，这两个左翼政党会丢掉选举。

这样一来，同意投票和多元投票一样，也鼓励了策略性的考虑。投票人会有动机不去投票，好像他们是独裁者一样，他们会将他们相信其他投票人会做什么以及如何对之进行最优回应纳入进来进行考虑。这种策略性投票的打算与严格投票是相对立的，无须给出负向的含义了。偏好支持民主党候选人的投票人，即便他的最佳选择是独立的绿党候选人，他也不会以任何一种方式表现得不诚实。这样的投票人会认识到，他生活在一个民主社会当中，选举的结果会在不同的投票人偏好之间进行某种折中。试图支持那些有机会获胜的候选人当中受偏好的候选人，可以看成是将可行性和可欲性进行分离的一个例子。我们可以称这一现象为成熟投票，而将它与幼稚投票加以区分。

但是即便我们并非不赞成策略性投票是一种非道德的现象，我们可能还是会关心它会带来什么不受欢迎的结果。例如，假设由于某些原因每个人都相信独立候选人会获得比民主党候选人还要多的选票。如果这是一种普遍的信念，那么民主党的多数人虽然确实偏好他们的候选人胜过独立候选人，但仍可能以投票给后者而非前者来作为最终结果，其推理的类型是相同的。换言之，策略性投票允许不同的结果，它们中一些可能不会反映多数投票人的偏好。

因此，很自然要问的是，我们是否能够有一个投票系统，于其中投票人总能报告其真实的偏好？也就是说，我们能不能构造一个机制，由此投票人可以报告其偏好，候选人被作为这些报告出来的偏好的函数而进行排序，没有投票人会有动机误报这些偏好？

艾伦·吉巴德和马克·撒特茨威特（在 20 世纪 70 年代）给出了一个消极的回答。[①] 他们证明，这样的动机不存在的唯一投票方法就是独裁式的方法，也就是说，挑选一个特定的个体并遵循其所报告的偏好的那些机制。

### 6.3.4 关于同意投票的一种观点

在同意投票中，不要求投票人报告他们对所有备选项的完整排序，而要求其仅就备选项的一个子集进行排序报告，这个子集可以被解释为可接受或充分地考虑了可欲性的备选项的集合。在这个系统中，投票人绝无动机同意他们眼中最差的选项 $y$，他们总是有动机同意他们眼中最好的选项 $x$。如果只有三个选项存在，那么这意味着投票人将绝不会有动机同意相较于他们不同意的其他某个备选项更不喜欢的某选项。具体而言，如果一个投票人偏好 $x$ 胜过 $y$，偏好 $y$ 胜过 $z$，那么投票人可能会同意 $x$，或者同意 $x$ 和 $y$，但是他绝不希望单将票投给 $y$，或者给 $z$ 而不给 $y$，如此等等。

这个性质被称为诚实投票性质（sincere voting），因为投票人偏好 $x$ 胜过 $y$ 时同意 $y$ 但是不同意 $x$ 并没有"撒谎"。不幸的是，当存在多于三个备选项时，同意投票不能确保产生诚实投票。

---

① A. Gibbard, "Manipulation of Voting Schemes: A General Result," *Econometrica* 41 (1973): 587 - 601; M. A. Satterthwaite, "Strategy-Proofness and Arrow's Conditions: Existence and Correspondence Theorems for Voting Procedures and Social Welfare Functions," *Journal of Economic Theory* 10 (1975): 187 - 217.

### 6.3.5 结论

研究关于不同个体的偏好加总的问题充满着各种困难。有些是关于效用的，有些是关于加总的内在一致性的，有些是关于真实报告偏好的动机的。当我们思考真正的民主运作，哀叹政治折中的过程时，将如下这个结论铭记在心定有帮助：即便从理论上看，我们也没有神奇的解决方案。

## 6.4 帕累托最优/效率

由于在偏好加总方面存在这些困难，所以我们可能会采取一种相对谦恭的立场。不说我们希望做到什么，而是说我们能够至少排除那些我们非常肯定不愿去做的事情。特别地，我们应该尊重一致同意公理。如果每一个个体都觉得 $x$ 至少和 $y$ 一样好，那么这个社会应该也是如此，这一点看起来还是无可辩驳的。此外，如果每个个体都觉得 $x$ 至少和 $y$ 一样好，而对于至少一个个体而言，$x$ 严格好于 $y$，那么我们可能会感到社会应该严格地偏好 $x$ 胜过 $y$。

这种关系被称为帕累托占优（Pareto dominance）。直观而言，如果当 $x$ 和 $y$ 被拿出来接受投票时，会有一些投票给 $x$ 的个体以及一些意见不同的个体，但是没有人会反对优先选择 $x$ 而不是 $y$，则我们就说 $x$ 帕累托占优于 $y$。

如果备选项 $x$ 不能被任何其他可行的备选项 $z$ 所帕累托占优，则它就被称为帕累托最优或帕累托有效。术语帕累托最优和帕累托有效是同义的，这两个术语可以通用，都很流行。不幸的是，这两个术语都存在误导。基于这一概念在经济学、博弈论和社会选择理论中是最为主要的概念之一，这一状况尤其让人感到遗憾。通常，人们对最优解读得比较深入，而很少涉及有效。6.5.2 节针对这个概念的局限讨论了何以最优要比它所揭示的含义要窄。这里我来解释为什么有效值得更多关注。

为了理解术语效率，我们来思考一个个体消费私人产品的经济体。这个术语更为一般化，而且能够应用到任何诸如一个国家的外交政策之类的社会选择问题中去，但是效率可能源于生产。的确，帕累托效率将资源被有效利用这一条件予以了一般化。假设生产是没有效率的，而且我们可以使用相同的资源，令每个个体可以拥有更多的各种商品。假设个体喜欢商品，这表明我们所据以开始的备选项不是帕累托有效的。这样一来，技术上的非效率意味着帕累托非效率。等价地，帕累托效率要求有效地生产。

但是有效地生产对于帕累托效率来说并不是充分条件。例如，假设我们

非常有效地生产了大量西兰花。没有办法改进这一生产过程，从而能够以同样的资源获取更多的西兰花。唉，可是在这个经济体中没有人喜欢西兰花。有些人喜欢香蕉，有些人喜欢芒果。我们可以不全部生产西兰花，我们本可以生产一些香蕉，这会使得吃香蕉的人更开心，或者生产一些芒果，让那些吃芒果的人感到更满意。在这种情况下，生产是有效了，但是配置不是帕累托有效的。我们本可以改善每个人的处境，不是通过生产更多大家不喜欢的商品，而是通过生产适合大家口味的不同商品来做到这一点。

接下来，假设我们生产了正确的商品，并且有效地做到了这一点。我们不会浪费土地和水在西兰花的种植上，我们生产香蕉和芒果。此外，生产也是有效的，我们不能种植比现在更多的香蕉或芒果了。但是还有一个小问题，可能会有这样的情况发生：芒果都在吃香蕉的人手中，而香蕉都在吃芒果的人手中。这个经济体在技术上再一次是有效的，而且甚至在总体上也生产出了适合的商品。但是，它并没有有效地对商品予以配置。如果个体准备相互贸易，用香蕉交换芒果，因此每个人都会拥有更多他喜欢的商品的话，那么我们还是可以实现帕累托改进的。

如此一来，在一个经济体中，帕累托效率要求商品被有效地生产出来，生产出适当的产量，并被明智地加以分配。通常，人们认为有效这个词仅指技术效率，通过这个词人们只联想到机器、大规模生产、轮岗等。所有这些可能的确都和帕累托效率有关，但是这个概念也将个体和他们的需要以及渴求纳入到了思考范围。特别地，一天工作更长时间会带来更多的产出，但是如果工人们偏好拥有更多闲暇，那么这也不会是帕累托有效的。

最后，我们回想一下这个概念并不是严格限制在商品和生产这样的经济问题上。它可以应用在任何社会选择问题上，它只是意味着我们不能在不伤害他人的情况下使得某些个体变得更好而已。

将注意力集中在帕累托有效的备选项上是合情合理的。如若选择了其他不是帕累托有效的备选项，比如 $y$，那就意味着我们本可以选择比 $y$ 更好的 $x$，或者至少和 $y$ 一样好的 $x$，然而我们却选择了 $y$。因此，帕累托最优/效率是偏好加总的最低条件。这个条件并没有陷入真正困难的权衡，当我们不得不就效用进行人际的比较时，就会面临真正的冲突。很多经济学家相信科学——经济学以及其他社会科学——的作用止于帕累托最优这个概念上，而任何其他的更进一步的涉及真正权衡的选择都应当留给其他学者（哲学家、政治家）。其他的经济学家则愿意深入研究非一致同意偏好的基础。然而，帕累托最优性却获得了广泛的赞同。不幸的是，即便这一最为温和的标准也不总是那么轻易就可以得到满足的。

## 6.5　帕累托最优的局限

后续的很多讨论以及经济学和博弈论中的很多讨论围绕着帕累托最优性展开。此外，在流行的出版物中经济讨论通常指向的是最优性或者效率。很多读者并没有认识到这些术语的意思就是帕累托效率，他们经常不清楚这一点的意思所在。因此，理解这一术语和认识到其某些局限性，还是非常重要的。

### 6.5.1　对公平的缄默

由于帕累托最优性（或效率）的概念脱开了效用的人际比较，所以它对公平问题一无所言。假设两个个体分享一块面包，每个人只关心她能得到多少，她当然喜欢多一些而不是少一些。在这些假设之下，任何分割都是帕累托最优的。一个个体可以占有整个面包，即便另一个人饥饿而死，这种配置也是帕累托最优的。

### 6.5.2　偏序

帕累托占优关系是一个偏序，也就是说，它没有对任意一对备选项进行比较。真正有趣的问题是，在一些个体（严格）偏好一个备选项而其他人偏好不同的备选项时，帕累托占优无用武之地。

结果，术语最优性可能令人感到困惑。根据定义，如果没有其他的备选项 $y$ 严格好于 $x$，则 $x$ 就是最优的。如果 $x$ 至少和任何其他的备选项一样好，则 $x$ 就是最优值。

当关系"至少一样好"是完备的，任何一对备选项都可以被比较时，最优的备选项是最优值这一点是成立的。不能得到改善的备选项也是最佳备选项。它可能不是唯一的最佳备选项，但是它是最佳的备选项之一，所有最佳备选项是等价的。

这不是我们所讨论的偏序这种情况。当一个序关系是偏序时，最优值必然是最优的，但是反过来就不成立了。最优的备选项不必和其他备选项至少一样好。它很可能与一些备选项不可比。考虑一种极端的情况，如果没有备选项可以和任何其他备选项相比的话，那么所有备选项都是最优的，但没有一个是最优值。

强调这一事实是很重要的，因为属于最优使人们陷入了困惑。我们倾向

于根据完备序进行思考，比如"高于"、"大于"、"快于"等之类。因此，我们的直觉中很多是基于完备序得到的。有一个完备序的话，最优的备选项和那些不是最优的备选项至少一样好才成立。但是，对于偏序就不是这种情况了。例如，它可能会是这样的情况：备选项 $x$ 是帕累托最优的，而 $y$ 不是帕累托最优的，但是 $x$ 无法帕累托占优于 $y$。

我们来思考一个寻常的例子，假设有一块面包和两个个体。用成对的数字来表示分给两个个体的可能的面包数量。例如，$x=(1, 0)$ 是这样一个备选项：分给个体1整块面包，个体 2 一无所得。平等的分配这块面包由 $z=(0.5, 0.5)$ 表示，而 $y=(0.4, 0.4)$ 也表示平等分割这块面包，只是会造成一些浪费（参看图 6—1）。

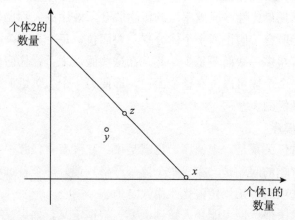

**图 6—1**

显然，$x$ 是帕累托最优的，因为我们无法使两个个体都能得到更多面包。与之相对，$y$ 不是帕累托最优的。事实上，$z$ 帕累托占优于 $y$；两个个体在 $z$ 中都有比 $y$ 更多的面包。然而，$x$ 却不是帕累托占优于 $y$ 的；个体 1 偏好 $x$ 胜过 $y$，但是个体 2 具有相反的偏好。认识到 $y$ 不是帕累托最优的，意思是说，存在一个帕累托占优于它的备选项。它不必是 $x$。

这样一来，一个帕累托最优的备选项（$x$）不必然帕累托占优于一个帕累托次优的备选项（$y$）。我们不应该自动地偏好任何一个帕累托最优的备选项胜过任何其他非帕累托最优的备选项。

在经济学中常常会遇到这类例子。市场将我们带到 $x$ 点，而我们关心公平，希望能够从个体 1 那里转移支付给 2，这是可能的。如果这个转移支付涉及税收，那么我们会很典型地发现，我们失去了帕累托最优性。这样一来，我们最终可能会在诸如 $y$ 点这样的地方。这并不意味着对于这一转移支付存在一致性的意见。根据帕累托最优性，原初的点帕累托占优于新的点，而这个点不是帕累托最优的，这一点将不会成立。社会计划者可能很喜欢帕累托非最优的点胜过一个帕累托最优点。事实上，当我们对富人征税并将福利提供给穷人时，这正典型地是我们的所作所为。

### 6.5.3 主观信念

当存在不确定性时，没有客观的概率可以被给出，人们会使用主观概率。在这些情况下，帕累托占优性比它在确定性条件下或具有已知的客观概率的条件下具有更弱的要求。原因是信念可能在某种方式上是错误的，而效用不会。因此，对帕累托占优的论证，当个体只在效用上有所差异的时候，确实非常有力，但是当他们在信念上具有差别的时候，就不那么有力了。

两位绅士意欲进行一场决斗。每个人都相信他们会杀死对方而自己毫发无伤的概率是 90%。如果他们认为他们的胜算是 80% 或更低，那么每个人都宁愿逃走。然而，给定他们不同的信念以及差异很大的偏好（每个人都偏好自己从决斗中生存下来），那么他们两个人都偏好决斗发生而不是相反。换言之，进行决斗帕累托占优于不进行决斗。但是，这种帕累托占优的情况对于支持决斗来说是一个非常强有力的理由，这一点并不是那么显而易见。因为这两个绅士的信念非常不同，而且没有信念可以同时为两个人的偏好提供基础，很可能我们在面对这样的"占优"时只能耸耸我们的肩膀，感到遗憾。

绅士们不需要彼此开枪射击，他们可以就此后一年石油的价格打赌。如果他们是风险厌恶的，那么就不会有共同的信念为每个人都参与这一赌博的决策而提供理由。我们可能不知道在他们的主观信念上到底哪位是错误的，但是我们的确知道他们不可能都是对的。在这样的情况下，我们可能会选中那个帕累托占优的备选项。

# 7 博弈与均衡

## 7.1 囚徒困境

### 7.1.1 基本故事

囚徒困境的故事非常著名，值得重新叙述一遍。两个伙计犯下了一桩罪行。他们被警察逮捕了，警察确信他们有罪，但是在缺乏至少其中一个人的供认之下很难证明他们有罪。警察给了他们下面这样的选择。他们两个人每一个都可以承认，只要一个人承认即可取得犯罪的证据。如果一个伙计承认，那么他就成了目击证人，不仅不受惩罚，而且还会得到奖励（送到巴哈马度假，远离他以前合作的朋友）。如果两个人都承认，那么他们都会受到惩罚，但是由于帮助了警察，刑罚会有所减轻。如果两个都不承认，那么警察也会老实承认没有办法证明他们有罪，只好释放他们。所有这些表述都很清楚而且公平——没有欺骗或者涉及不对称的信息。然后，这两个嫌疑人都会被送到不同审讯室，独立进行决策。

每个囚徒都会做如下推理。"假设另外一个人招认。那么我就要在承认从而缩减刑期和不承认从而在监狱中蹲更长时间之间进行选择。当然我应该承认。不过，如果另外一个人保持沉默，我也保持沉默，那么我们可以被无罪释放，但是我如果招认会有更好的结果——我可以获得免费到巴哈马旅游的机会。由此可知，不管对方怎么做，我都应该选择招认。"

这样一来，两个人都招认并被送进监狱。然而，如果他们两个人都保持沉默，那么他们本可以马上获得自由。关于这个例子，有一个惊人的事实，那就是每个人都做了对自己来说理性之事，但是结果对他们二人这个整体来说却是不理性的。两个人都获得减刑这一结果是帕累托劣于两人都被释放这个备选项的。 *91*

将这种情况看成一个博弈大有好处。一个博弈由参与人集合、每个参与人的策略集合以及每个参与人的效用函数组成，这个效用函数定义在所有参与人的策略组合之上。关键的是，所有参与人的选择可能不仅影响他们自己，而且还同样影响其他参与人。

在这种情况下，我们有两个参与人，每一个都有两个可能的策略，$C$ 和 $D$，这里 $C$ 代表合作，$D$ 代表背叛。策略 $C$ 意味着和另外一个参与人合作（而不是和警察合作），它一般是指对另一个参与人比较友好，遵守社会契约。策略 $D$ 意味着背叛社会契约或者比较自私。在这个例子中，$C$ 意味着保持沉默，而不去陷朋友于牢狱，而 $D$ 意味着出于个人利益而让朋友遭受牢狱之灾。

博弈 1. 囚徒困境

|   | $C$ | $D$ |
|---|---|---|
| $C$ | (3, 3) | (0, 4) |
| $D$ | (4, 0) | (1, 1) |

在每一项中，第一个数字表示参与人 I（行参与人）的收益（或效用），第二个数字表示参与人 II 的支付（列参与人）。实际上数字是多少无关紧要。

这是引入博弈中策略间占优概念的良机。这个概念很基本，它的应用也超出了囚徒困境博弈。

### 7.1.2 劣策略

我们来看参与人 I 的选择，可以观察到无论参与人 II 选择什么，$D$ 总可以给出一个严格较高的支付（也就是说，在第一列中 4>3，在第二列中 1>0）。在这种情况下，我们说策略 $D$ 严格占优于策略 $C$。我们在策略 $s$ 严格占优于策略 $t$（这意味着与 $s$ 相联系的支付总是严格大于与 $t$ 相联系的支付）和 $s$ 弱占优于 $t$（$s$ 确保获得一个至少和 $t$ 的支付一样好的支付）之间进行区分，但是对于对手的某些策略而言，$s$ 可以刚好和 $t$ 一样好，只要有时候它是严格优于 $t$ 的即可。弱占优正式而言是等价于帕累托占优的。如果我们用"个体"取代"其他人的策略"，那么它们就是同一个定义。

我们来看博弈 2 给出的囚徒困境博弈的变体。除了选择对（$D$，$C$）中参与人 I 的支付不同之外，其他所有的支付都相同。对于这个博弈中的参与人 I 来说，策略 $D$ 弱占优于策略 $C$，但是这个占优是不严格的；参与人 II 存在至少一个选择（即 $C$），采取 $D$（对参与人 I）与采取 $C$ 可以获得与参与人 I 一样的支付。

博弈 2. 囚徒困境博弈的一个变体

|   | $C$ | $D$ |
|---|---|---|
| $C$ | (3, 3) | (0, 4) |
| $D$ | (3, 0) | (1, 1) |

一般可以相信，参与人不会采取劣策略。当应用到严格占优上时，这个预测非常有力。我们来看在博弈 2 中参与人 II 的策略 $D$。和原初博弈（博弈 1）中的情况一样，它严格占优于策略 $C$（对参与人 II）。如果我们仅有一个行（对参与人 I），那么，预测参与人 II 会选择 $D$ 而不是 $C$ 就是一个套套逻辑。这就是我们将效用值赋予到备选项上来表达偏好的一种方式。与之相对，对于这个博弈中所表现的那种决策矩阵中的选择而言，偏好表征并没有表达出其他什么东西。然而，认为严格占优策略而不是那些劣策略会被选出，无论采取描述性还是规范性的方法，这看起来都是一个的确较为温和的理性假设。如果该参与人是贝叶斯主义者，对其他参与人的选择有着概率信念（也即行将会采取的选择），那么 vNM 公理也表明应该是一个严格占优策略而不是劣策略被选出来。但是即便参与人不知道其他参与人策略的概率分布是什么，占优的逻辑也仍然是十分强大的。

弱占优稍微不那么有力。例如，如果参与人 I 是贝叶斯主义者，出于某些原因，他确信参与人 II 肯定会选 $C$，$C$ 对他来说和 $D$ 一样也是一个最优反应，尽管有 $D$ 弱占优于 $C$ 这个事实在。不错，他从 $C$ 转到 $D$ 绝不会有所损失，但是如果参与人 II 选择 $C$，那么他也不能获益。和之前一样，弱劣策略不会被选出是可以想见的。如果该参与人不是一个贝叶斯主义者，对于其他人的选择也没有清晰的认识，那么对他来说，选择占优策略应该更安全，即便它仅仅是弱占优的。这也会是信念不过于极端的贝叶斯式的参与人所得到的结论，只要允许他的对手为每一个策略选择都给出一个正的概率即可。的确，如果我们考虑仅是出于错误，其他参与人可能会采取某些具有很小概率但概率为正的策略，那么弱占优和严格占优的含义就是相同的。

在博弈 1 和博弈 2 中，由于只有两个策略，所以 $D$ 占优于其他每一个策略（因为只有一个这样的其他人），这样一来，它就取得了占优策略的资格。占优是两个策略之间的一种关系，而占优性是可以运用到一个单一策略上的形容词，意即它占优于每一个其他的策略。

当一个博弈中存在一些劣策略（对某些参与人而言）时，我们可以剔除它们，并且观察在这个简化后的博弈中到底会发生什么。通常，新的占优也会出现。例如，在博弈 2 中，如果我们剔除了参与人 II 的严格劣策略（$C$），那么，在这个简化后的博弈中，对于参与人 I 而言，$D$ 严格占优于 $C$。对于弱占优同样也会发生这样的情况。不幸的是，当我们剔除其他参与人的策略时，参与人策略之间的弱占优也可能会消失。就好的一面而言，这一现象不会发生在严格占优的情况里。

当假设劣策略不会被采取时，我们关于参与人的理性做出了一个温和的假设，也就是说，它表明每一个参与人根据她自己的效用函数，避免了那些被占优的选择。但是当我们剔除劣策略，并寻找可能发生在简化后的博弈中的新占优时，我们对参与人的行为和推理就做出了更多的假设。对劣策略的重复剔除，可以由参与人是理性的而且也认为其他参与人是理性的这个假设来给出理由，因此假设这些其他人不会采取他们的劣策略也是很保险的。重复剔除劣策略的每一层都假设了另外的每个人都相信每个人都相信……每个人都是理性的。

如果我们考虑劣策略不被采取的动态过程，以及随着时间流逝它们也不会被采取这一事实被其他参与人所观察到，他们会对这一被观察到的行为最优地采取行动等，那么重复剔除劣策略就有其充分的理由。在这种情况里，对于参与人而言，重复剔除的每一层都要求有更多时间来认识到其他人的劣

策略是不会被选择的。对于一个博弈中的预测而言，劣策略的重复剔除的层数越多，这个预测就越不够强有力。

### 7.1.3 回到囚徒困境

这样，认为参与人绝不会采取劣策略的断言，就需要一些限制条件。当运用到一个从很长的重复剔除劣策略链条中得到的简化后的博弈时，它可能不会非常具有吸引力。当占优的概念是弱的时候，尤其是在重复剔除中，它更加没有吸引力了。而在较大的博弈中，参与人将不会注意到某些占优对，这也是可能的。

这些限制条件没有一个可以运用到囚徒困境中去。策略 $D$ 占优于策略 $C$。这个占优是严格的，不要求对劣策略的重复剔除。此外，该博弈已经尽可能地简单，每一个参与人只有两个策略。因此，我们预期参与人 I 会采取 $D$，同样也可以这样预期参与人 II 的选择。由此可知，$(D, D)$ 会被选中，从而取得 $(1, 1)$ 的支付。但是这两个参与人本可以选择 $(C, C)$，这会带给他们帕累托更优的支付 $(3, 3)$。看一下这个矩阵，很明显可以看出，个体理性并不必然表明群体理性：每个参与人都对什么在他控制之下，什么不在他控制之下进行区分，一如理性所表明的那样。行参与人沿着列比较支付，认识到他不可能选择该列。类似地，列参与人沿着行比较支付，认识到他不可能选择行将会采取的策略。但是他们两个都不会沿着对角线进行支付的比较。他们可以查看这个矩阵，会发现对于他们两人来说 $(3, 3)$ 好于 $(1, 1)$，但是没有一个人会基于这种比较进行选择。两个人都不会单方面地决定沿着对角线进行移动。对他们来说，沿着对角线比较支付是不理性的。它将会等价于一厢情愿，也即等价于这样的信念：他们可以改变他们所不能改变之事。

## 7.1.4 效用的含义

囚徒困境是社会科学一个最好也是最坏的寓言故事。它在简洁性方面颇为引人注目。如果你之前从未思考过这个问题，尤其是如果你倾向于相信人们应该自由地进行行动，去追求自己的利益的话，那么这个例子可能会改变你思考社会互动的方式。然而，这个关于囚徒的故事的选择是本可以做出的选择当中最差的。问题在于，这个故事让我们相信囚徒不会对他人忠诚，他们都是没有心肝的、自私自利的个体，如果他们有点利他主义精神，那么问题早就可以得到解决了。也有人认为，博弈论专家们不理解到底是什么激发着人们，他们只能构思那些自私的电影桥段，更糟的是，他们还宣扬自私自利。博弈论专家们名声不佳的事实，对于任何一个可能以博弈论专家著称的人来说都不会是桩开心的事，但是此外这一解释也把囚徒困境所传达出来的主要信息搞得云山雾罩。它使你相信，这里并没有问题，而事实上，问题的确存在。

博弈论的创始人不会谴责囚徒故事的贫乏的选择。这个例子在 20 世纪50 年代于兰德公司和普林斯顿大学被讨论过，我们可以将它归功于梅里尔·弗拉德（Merrill Flood）和梅尔文·德雷希尔（Melvin Dresher）。他们都是数学家，在那个时代，对博弈论感兴趣的人寥若晨星。这个小团体认识到囚徒的故事只是一个比喻，而可以被放进一个博弈矩阵的，应该是 vNM 效用函数的值，它是从偏好中推导出来的。他们本来就没有想到这个例子会变得这么流行，或者没有想到它会带来这么多混乱。

回想一下，根据在前一章所描述的方法论，我们首先观察到行为，然后将效用数字赋予备选项。个体可能会违背这样的表征存在所需的公理。但是如果这些公理没有被违反，那么效用最大化（或期望效用最大化）就是一个套套逻辑。效用数值已经包含了任何相关的支付——物质上的、心理上的、社会方面的等。如果我和我的孩子玩这个游戏，那么我宁愿自己代他蹲监狱，对于我来说蹲监狱并让我的孩子获得自由而不是相反，会有更高的效用函数。一旦我们将博弈表达成所展示的那样，不等式 4＞3 应该意味着在所有方面都被考虑之后，即便我的同伴合作，我也偏好背叛。如果不是这种情况，我们本应在这个博弈中使用不同的数值。也就是说，我们将处理的博弈不再是囚徒困境博弈了。

如果对于作为一个良好的模型的博弈 1 而言没有真实的生活情境与之相应的话，那的确也就不会有什么问题。不幸的是，情况并非如此。有这样一些情况，其中最为简单的模型看起来并不像博弈 1，在这样的情境里，我们应该预期理性参与人会以帕累托被占优的结果来结束。为了更为清楚地看到这一点，让我们来看一下一个不同的故事。你随机地和另外一个人进行匹配，这个人你不认识，也不会再碰面，你们要进行一场下面的博弈。每个参与人到电脑屏幕前，有个按钮可供选择。如果你按下了第一个按钮，那么银行会给你 1 000 美元的礼物。如果你按下了第二个按钮，那么银行会给另外一个参与人 3 000 美元的礼物。这些钱由银行支付，不会从你的账户划转。情况是对称的：另外一个参与人将决定她是拿走 1 000 美元的礼物还是让你

96

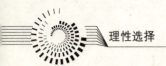

从银行手里拿走 3 000 美元的礼物。你会怎么做？

你认识到，无论其他人现在怎么做，如果你按下了第一个按钮，那么你会增加 1 000 美元的财富。如果两个人都这么做，那么每个人都只能得到 1 000 美元。但是如果每个人都把礼物给别人，那么你们最终可以各得 3 000 美元的礼物。显然，如果你们都关心金钱，那么这个博弈确如前述博弈一样（支付可以解释为数千美元）。对于每个参与人而言，策略 $D$ 占优于 $C$。事实上，$C$ 承诺的支付要高于 $C$ 只给出的 1 000 美元。然而，$(D, D)$ 是被 $(C, C)$ 帕累托占优的。

和最初的囚徒困境一样，在这个故事里，该模型抓住了这种情况的本质这一点也不是很显而易见。你可能并不只关心你自己的银行户头。可能你是一个利他主义者。但是，所给出的这种情况仍然不能作为博弈 1 的一个例子。第二个故事的细节通过淡化利他主义、忠诚、未来关系等诸如此类的角色，被看成给出了博弈 1 中的支付。你可能仍然无法发现博弈 1 是一个关于所给故事的良好模型。然而，如果该矩阵的支付体现了那些对参与人来说的重要之事的话，则 $(D, D)$ 预测要依赖那些非常温和的涉及理性的假设。

### 7.1.5 主要教训

囚徒困境的主要之点是有很多社会互动的情境，其中个体理性无法达成群体理性。这是我们应该考虑如何改变博弈规则，使之让参与人选择 $(C, C)$ 更为合理的情况。而假设对这类问题当采取利他主义却是非常危险的。值得再次强调的是，如果利他主义已然足够，那么在一开始使用效用函数时就当对之有所反映。不幸的是，利他主义并不总是充分的。

人类历史上的一些最大的错误，必然涉及这样的假设：人类比他们的最终表现更为慈爱、高尚和具有利他精神。

毫无疑问，利他主义的确存在。人们确实会做出种种善行，自愿帮助他人，慨然捐助高尚的事业。然而，利他主义也有其局限。我们来看提供诸如医院、学校、公路和国防这类公共品和服务全社会的劳务这种情况。之所以称它们为公共的，是因为社区的所有成员都会从中获益。公共品可以同时被多个个体所消费。这与诸如西红柿之类的私人品形成了反差，它们不可能被不同的人同时吃掉。典型地说，我们都将我们的部分收入捐赠出来，以取得这些服务，比不捐赠从而没有医院也没有学校要好得多。公共品典型地由公共组织予以提供，这些公共组织包括国家或市政当局等。它们收取税收，以便为公共品融资。为什么会这样呢？为什么这样的服务不是由自愿捐赠予以提供的呢？

这种情况和多人囚徒困境博弈非常相似。如果每个人都捐赠而不是每个人都一毛不拔，那么每个人的境况都会更好是不争的事实。然而，这种沿着对角线的比较，并非任何个体所面对的选择。每个个体都会问自己，给定其他人的所为，我应该捐钱还是不捐呢？那么，每个人都会想："其他人的全部捐赠无论是多少，我自己的捐赠对医院质量的影响都是微不足道的。与之相对，这个月可能会很艰难，我这次不捐赠可能真的会对我有很大的帮助。"结果，即便不是所有个体都决定袖手旁观，也会有很多人如此，因此公共品无法得到供给。

公共品是应该由捐赠提供还是应该由政府用税收收入来提供取决于很多因素，其中包括意识形态和文化。比如，美国比之于西欧，会有更多公共品留给自愿捐赠来提供。然而，即便在美国，也有联邦和州所得税，很大一块公共品支出（比如国防）仍然不可能由自愿捐赠来支付。重要的是，缴税乃是由惩罚的威胁来维系的。那些不缴税的人最终可能会被投入监狱。

因此，我们应该将囚徒困境当成一个比喻来看。它不是关于那些可能决定是背叛他人还是忠于他人的嫌疑人的，也不是关于这样的命题的：我们应该利他并认识到人们事实上有多利他。囚徒困境是关于社会制度的设计的。它警告我们，除非改变博弈规则，否则我们通常无法得到帕累托最优的结果。

### 7.1.6 改变博弈规则

如果人们在博弈 1 中都选 C，那当然是最好的了。我们不必把 C 当成一个占优策略；给定其他人都选择 C，那么我们选择 C 是合理的，这一点可以由人们都选 C 得到充分保证。根据这个意思，如果改变博弈 1 矩阵中的一个支付，即 4，那么就可以确保这一点的实现。假设其他参与人选择 C 而你选择 D，若抵制不住 4 的诱惑，那么你会被惩罚，效用变为 −1。这一惩罚给出了该矩阵中最差的支付，而且任何低于 3 的数值都是可以的。现在，我们就有了如下的博弈矩阵：

博弈 3. 通过惩罚修正支付后的囚徒困境博弈

|   | C | D |
|---|---|---|
| C | (3, 3) | (0, −1) |
| D | (−1, 0) | (1, 1) |

在这个博弈里，（C，C）是一个合理的预测。如果两个参与人都预期他人会选择 C，那么对于这两人来说选择 C 就是最优反应。这被称为一个纳什均衡（Nash equilibrium）。[1] 如果两个人都预期其他人选择 D，那么他们自己选择 D 会更好这一点仍然成立。也就是说，（D，D）也是一个纳什均衡。然而，D 不再是一个占优策略，如果我们能达成共同的预期（C，C），那么合作就可以得到持续。通过采用规范性方法，我们可以建议参与人采取（C，C），这样的建议是有价值的。

那么，我们如何才能把 4 改变为 −1 呢？我们已经讨论过一种方法：在所得税的例子里，立法是改变支付的一种方法。如果你不缴税，那么你就会蹲监狱。如果没有人缴税，那么由于监室的空位是有限的，这可能不是一种可置信的威胁。但是如果其他每个人都缴税，那么它就可能是一个可置信的威胁，我们可以让人们相信，如果他们逃避税收，那么等待他们的就是一个更低的支付（效用）。

立法通常是应对囚徒困境类情形的一种解决方案。在民主国家里，很多法律都具有这样的特征：（1）如果每个人都遵守法律而不是不遵守，那么每个人都会改善境况；（2）如果无论其他人遵守法律与否都有人可以从该法律中得到豁免，那么每个人都会改善境况。当这样的情况得到共识之后，即便是那些思想开明之士也可能会支持那些旨在抑制个人权利的立法。

但是通过一项法律并予以施行可能是非常复杂的。通常，社会规范可以在一个更低的成本上达成同样的目的。假设你沿着公路行车，鸣笛或者乱扔东西。你可能违反了某项法律，但是控告你并证明你违反了法律可能非常复杂。但是，对你蹙眉以对，让你感到你的行为违背社会公益，可能更简单。这样一来，社会谴责的惩罚对于改变支付来说已然足够，这使得合作行为可以成为一个均衡。

为了执行法律，我们需要警察和法院。为了实施社会规范，我们仅需要其他人的共识即可。但是我们甚至可以做到比这更好。如果我们通过产生罪恶感而改变背叛所得到的支付，那么我们甚至将不需要一个外部的观察者即可把合作作为均衡来维持。假设你是一个孩子的时候，你的妈妈告诉你乱扔东西是错误的。多年以后，即便周围没有人看到你，如果乱扔东西，那么你还是会感到很不安。这样一来，将罪恶感内化可以是改变支付的一种有效途

---

[1] J. F. Nash, "Non-Cooperative Games," *Annals of Mathematics* 54 (1951): 286 - 295.

径。它可以是如此有效，以至于即便你周围的所有人都在这样做你还是会为乱扔东西而感到羞愧。

那些执行合作的最有效和最无害的方式取决于具体的环境。可能还是会有合作解无法作为一个均衡予以实施的各种情况。但是主要的教训在于，我们应该意识到社会制度在解决囚徒困境类问题上的可能性，以及我们使用法律、社会规范和教化来改变这些情况中的支付的可能性。

### 7.1.7　重复博弈

改变一个博弈支付的另外一种重要的方法就是不断对它进行重复。如果一个博弈进行不止一次，那么参与人对行动（策略）的选择就会取决于对她来说已知的历史。因此，当一个参与人在当前阶段对其选择进行深思时，她不得不对其他人后续的可能反应予以考虑，这就包含了惩罚和奖励的可能性。一旦存在这些可能，在囚徒困境博弈中背叛就不再是一个占优策略了。特别地，如果其他参与人选择了一个通过自己采取 $C$ 来奖励 $C$、采取 $D$ 来惩罚 $D$ 的策略，那么在当前阶段采取 $C$ 就会更好。

重复博弈，也即长期互动的好处在日常生活中随处可见。参与人完全相同不再是那么关键。只要参与人都来自一个给定的总体就已经足够了，在这个总体里存在再次遇到同一个参与人的不可忽略的可能性，或者存在再次遇到某些和这个参与人一起博弈的人的可能性即可。在这种情况下，如果其他人可以通过采取 $D$ 惩罚他们的同伴，那么这样的反应就会得到扩展，并回转到首先采取 $D$ 的参与人自身。那么，我们可能会发现，它并不会给那些为了一次性的得益而违反社会规范的人带来更多收益。然而，如果总体非常大，以至于再次与同一个参与人（或任何遇见过同一个参与人的人）相遇的可能性非常小，那么可能会有人试图跳到一次性的支付 $D$，因为他们认识到这对未来支付影响甚微或毫无影响。

我们可以从这种思考方法中得到的启示是，当存在表现自私和不合作的诱惑时，合作行为在小群体中比在大群体中更容易维持。在一个安静的城郊社区里，人们和他们在大城市中的驾驶行为是不一样的。当我们与相同的个体有着很高的重逢机会时，我们会比在一次性互动中更加尊重他们的权利。如果只有若干同事共同使用一个厨房，那么它会比由数以百计的人们一起来使用它更可能保持清洁。

### 7.1.8 康德的绝对律令 (Categorical Imperative)① 和黄金规则

康德认为，我们的道德哲学应该由绝对律令来支配："只依据那些你可以同时愿意它成为普遍法则的准则行动（Act only according to that maxim whereby you can at the same time will that it should become a universal law)。"② 而康德的哲学超出了本书的范围，我只讨论绝对律令的现实对应部分，它是道德判断的十分直观的标准。当一个孩子过于吵闹时，他可能会听到这样的话："如果所有人都像你这样吵闹，那么你想象会是什么样。"出于对一个更好的名称的需要，也为了纪念康德，我仍然把它称为绝对律令（CI）。

CI 可以看成试图改变原初的因徒困境博弈矩阵（博弈 1) 中的支付 4。如果你打算采取 D，期望得到较高的支付，那么康德会促使你思考如果每个人都选择 D 那么会发生什么，你只能得到 1 的话会发生什么。此外，我们能够思考涉及较高物质支付的结果，但是这会违反一般性的规则。重要的是要认识到，解释 CI 是我们做出的一个道德选择，放弃支付 4，就好像它会导致 1 一样。显然，当一个参与人选择了 D，并不能得出其他参与人也会这么干的结论。当我们写出一个博弈矩阵时，可以隐然地这么来理解：这是两个君王，两个有着因果联系的独立决策者。认为如果你选择 D，那么其他人也会跟着这么选，会是一个错误。如果你和你的镜像来进行博弈，这可能不错，那么在这种情况下该博弈可以看成如下这种形式：

博弈 4. 和镜像进行的因徒困境博弈

```
          镜像
C  │   (3, 3)
D  │   (1, 1)
```

① 绝对律令，是德意志哲学家康德在 1785 年出版的《道德形而上学基础》(*Grundlegung zur Metaphysik der Sitten*) 一书中所提出的哲学概念。康德认为，道德完全先天地存在于人的理性之中。只有因基于道德的义务感而做出的行为，方存在道德价值。因心地善良而做出的义举，或是因义务而做出的德行（比如军人因救灾而牺牲），都不能算做真正有德的行为。道德应当而且只应当从规律概念中引申演绎而来。尽管自然界中的一切事物都遵循某种规律，但只有理性生物（人）才具有按照规律的理念行动的能力（自由意志）。就客观原则对意志的约束规范而言，其命令尽管是强制的，但同时也是理性的。这种理性命令的程序，就叫做"令式"。令式有两种。如果某种行为无关于任何目的，而出自纯粹客观的必然性，那么这种令式才是绝对律令。如果行为是实现目的的手段，那么这种令式则被康德称为"假言令式"。康德认为，绝对律令总是先天而综合的。——译者注

② 参看 Immanuel Kant：*The Moral Law*, translated with a preface, commentary, and analysis by H. J. Paton (London：Routledge, 1948)。

也就是说，认识到镜像也会做同样的事情，行参与人（你）可以在 $C$ 和 $D$ 之间进行选择。我们看到的是两个独立的决策者，尽管他们并没有因果联系，CI 仍可以视为在试图改变他们的支付。

值得注意的是，CI 包含了一个归纳过程——将一个具体行为判断为普适法律的一种情形。但是，这种适用性以及 CI 的道德有效性是有局限的，因为适当的一般化结果到底如何并不总是一目了然。为了考虑一个平常的例子，假设我想弄明白在我的起居室喝咖啡是否符合伦理要求。这个适当的一般化结果是"每个人在其起居室喝咖啡"而非"每个人在我的起居室喝咖啡"，这看起来是显而易见的。但是，有的时候适当的一般化结果并不是这么显然。假设我们试图判断欧洲到美国的移民者的道德状态。一种可能的一般化结果会是"每一个有着更高技术的民族入侵另外一个国家并征服它"。另外一个结果是"每一个饥饿或者受到宗教或政治迫害的个体寻求迁移到一块自由而且人口稀少的土地上"。两个规则可以被认为是将一个具体的情形进行了一般化，但是我们接受它们的意愿是迥然不同的。困难在于，通常支持或反对某一行为的观点可能被纳入到了对它的描述中，因此一项普适法律将只包含这一观点成立的那些情况。在这个意义上，CI 作为一个指导原则在解决道德困境方面并非总是有益处的。

CI 在提醒我们道德判断不应该取决于我们的身份方面仍然有所帮助。无论我们将道德视为何物，它在个体层面上都应当是可以被一般化的，我们不应该将自己和他人区别对待。在这个意义上，CI 让人联想到了黄金规则，这个规则可以这样来概括："待人如己。"黄金规则在古希腊哲学以及其他古代文明中均有不同形式的表述。通过想象一个假设的情形，它也同样是对改变我们的支付的一种尝试。黄金规则仅要求我们想象与我们相对的角色，而康德的 CI 要求我们设想每个人都和我们所为相同这样的情境。这样一来，CI 所要求的认知任务更为严格——要求我们设想可能与我们曾看到的任何事物都不相类似的情况。然而，这两者都是改变支付的方法，均可被看做我们应该使用的效用定义，而不是我们实际上在使用的效用定义。

## 7.2 纳什均衡

### 7.2.1 定义

如前文所提及的那样，如果每个参与人的策略都是其他参与人所选策略的最优反应，那么参与人对策略的这个策略选择就是一个纳什均衡（参看附

录 B 中关于纳什均衡的正式定义和表述）。

### 7.2.2 合理的解释

为什么纳什均衡的概念很有意义呢？为什么我们应该相信参与人会选择纳什均衡呢？可以这样来理解，每一个参与人都把其他参与人的选择当做独立于自己的选择，并在给定的这些约束条件下最大化其效用。这是约束最优化所给出的基本要旨。但是参与人如何才能知道其他参与人会做些什么呢？

可以产生这样的知识或信念的途径有好几个。一个是历史。假设博弈一次又一次地得以进行，随机地从一个很大的总体中选取不同的参与人每次都进行这个博弈。同时，参与人希望在每一轮最优地采取行动，因为在未来和相同的参与人匹配的概率几乎可以忽略。也就是说，这不是一个重复博弈，在重复博弈中参与人会预期诸如奖励或报复的长期效应。进一步假设在这个架构中，我们发现在很长的过程当中，每次采取的策略是相同的。如果这些策略并不构成一个纳什均衡，那就会显得很奇怪。当历史充分稳定时，我们预期参与人（1）会认识到其他参与人在做什么，以及（2）会对之最优地予以响应。这样一来，当参与人是随机地从较大的总体中被选出来时，纳什均衡似乎就是一个策略选择被一遍一遍地选中所要求的最低条件。

另外一种可能是当一些协调人建议参与人以某种方式进行博弈时给出的，在这种情况里，纳什均衡被预期是博弈的最终结果。假设参与人都得到了建议，然后各行其是，独立地进行选择。如果这些建议不可能促使一个纳什均衡产生的话，那么我们看到它不会被遵循并不会出乎意料。似乎一个建议最终被遵守，它应该满足参与人相信它会被其他参与人所遵守，他们也希望遵守这样的最低要求。这就是纳什均衡的基本要旨所在了。

然而，重要的是要指出，在历史、协调人或其他关联设置缺位的情况下，何以一个纳什均衡会被选择，并不是非常清楚。此外，历史可能没有表现出向纳什均衡收敛的倾向，我们对收敛到均衡的合理动态过程也没有得出一般性的结论。

如果我们所具备的一切只是参与人都是理性的这个假设，即他们知道其他人是什么，他们知道其他人知道他们知道，如此等等，那么，我们最终是可以以一个被称为可理性化的解的概念予以了结的，这个概念是由道格拉斯·伯恩海姆和大卫·皮尔斯在 20 世纪 80 年代引入的。[1] 如果一个策略是某

---

① D. Bernheim, "Rationalizable Strategic Behavior," *Econometrica* 52 (1984): 1007 - 1028; D. Pearce, "Rationalizable Strategic Behavior and the Problem of Perfection," *Econometrica* 52 (1984): 1029 - 1050.

个关于其他参与人选择的贝叶斯信念，那么这个策略就是可理性化的，其中这些信念和其他也针对某些信念选择最优反应的参与人的信念必然是相互兼容的，这反过来也限制了针对某些信念是最优反应的策略，如此等等。纳什均衡为每个参与人规定了一个可理性化的策略。这个参与人针对其信念选择了最优反应，这些信念被假定是正确的信念。特别地，一个参与人关于其他人的信念是他们在给定其（正确）信念的条件下选择最优策略。然而，对于每个参与人来说对可理性化的策略的择取并不必然是一个纳什均衡，因为可理性化的概念并没有预先假定信念对所有参与人都是正确的。

### 7.2.3 混合策略

有一类经典的博弈，被称为硬币匹配博弈，它包含两个参与人，他们同时从口袋里拿出硬币进行抛掷。每个人都可以选择硬币的一面，正面（$H$）或反面（$T$），当且仅当两枚硬币呈现同一面时参与人 I 赢。假设他们为了一美元而玩这个博弈。该博弈如下：

博弈 5. 硬币匹配

|  | $H$ | $T$ |
|---|---|---|
| $H$ | $(1, -1)$ | $(-1, 1)$ |
| $T$ | $(-1, 1)$ | $(1, -1)$ |

很容易可以看出，这个博弈在选择（$H$, $H$），（$H$, $T$），（$T$, $H$），（$T$, $T$）中没有纳什均衡。这在直观上也是可以理解的。无论我们建议使用其中的哪一个选择，都会有一个参与人要损失一美元，而通过（仅）改变她个人的选择，她可以改变结果又赢得一美元。

这会让人联想到很多真实的博弈。举个例子，我们来看足球中的罚点球，其中行参与人可以选择踢向哪里，而列参与人即守门员，可以选择扑向哪里。假设每一个人都有两个选择，守门员在他能看到球之前选择朝哪个方向扑球，如果他想有机会扑住球的话，则这个博弈和博弈 5 的矩阵是相似的。的确，在这样的一个博弈中，可能并没有均衡。如果两个参与人知道他们该选择什么，那么其中之一会有动机来选择一个不同的策略。

在这样的博弈中会发生什么呢？参与人为了不被对方猜中，会让自己的行动变得不可预测。我们可以通过假设参与人通过随机化对此进行建模，他们的选择并不必然是真的在随机化，他们仅需要表现得像是在针对其他人在随机化一样。随机地对策略进行选择被称为一个混合策略。原来那个确定性

的策略被称为纯策略。

一旦参与人可以进行随机化，他们又将如何对随机支付进行排序呢？标准的假设是他们在最大化期望支付，就像 vNM 定理所给出的那样。准确地说，如果参与人满足 vNM 公理，那么我们应该使用他们的效用函数来对这个博弈进行建模。那么，可以得出这样的结论，他们将最大化博弈矩阵中数字的期望值。有了这个假设，纳什就证明了（纳什）均衡总是存在，也就是说，每一个有效博弈至少有一个纳什均衡。

对于混合策略纳什均衡还有其他几种解释，和之前讨论过的概率解释的对应部分多少可以类比。对应于经验频率概念的最为简单的解释，是关于对博弈中一遍又一遍进行重复的选择的处理的。我们来看在博弈中的一个特定阶段上某一参与人的情况。她会问，其他参与人可能会怎么做？给定其他参与人的选择，我的最优选择是什么？

随机匹配的假设，为这两个问题给出了简单的答案。第一，在类似条件下观察其他参与人过去的选择，该参与人可以使用过去选择的频率作为在下一个阶段选择概率的合理定义。第二，由于该参与人认识到她不可能在不久的将来和同一位参与人再进行匹配，所以她就有动机最大化其期望的阶段支付，而忽略诸如奖惩之类的长期考虑。

如果这个博弈被相同的参与人不断重复，那么参与人就不仅要问可能的策略的短期结果将会是什么，而且还要问它们对未来阶段的影响是什么。结果，该博弈应该被当做具有很多个阶段的一个大的博弈中单独一次博弈的情况来考虑。

当历史缺位的时候，参与人可能会使用主观概率，这因应着的是将纳什均衡解释为"信念上的均衡"。这一解释认为，混合策略不能表示参与人的真实随机化，而是反映了其他参与人关于她的选择的信念。均衡概念隐含地假设了这些信念是由所有参与人共享的。此外，如果我们希望将均衡解释为一个关于真实博弈的预测，那么我们还需要假设这些信念是正确的。

纳什均衡的存在性从理论的角度来看非常重要。然而，有一些限制条件需要依次表述一下。第一，混合均衡的存在性并没有为一次性博弈提供什么不可拒绝的预测。混合策略可以被解释为在多次重复中博弈策略的平均频率，但是它并没有规定我们应该在单次博弈中预期观察到何种结果。第二，正如在纯策略纳什均衡中所提及的，并没有一般性的结论可以确保合理的动

*106*

态过程会收敛到一个纳什均衡上来。第三，从光明的一面来看，对于具体应用而言，一般性的存在性结论并不总是需要的。举个例子，我们可以考虑纯策略上的纳什均衡。我们知道，它们并不总是必然存在的。但是，如果我们考虑一个具有这样的均衡的博弈，那么我们可能会使用这一预测，我们对这个预测的信任并不需要依靠一般性的存在性结论。

## 7.3　均衡选择

现在，我们知道纳什均衡是存在的，要是知道它们是唯一的那就太好了。如果它们是唯一的，那么均衡的概念可以为每一个博弈提供一个明确定义的预测。不幸的是，纳什均衡并不唯一。我们可以从几个简单的两人博弈例子开始，然后再继之以拥有更多参与人的例子。

### 7.3.1　特征性例子

为了考虑最为简单的例子，假定我们必须就开车是靠左还是靠右进行决策。让我们集中关注对向在公路上行驶的两辆汽车之间的一次性互动。这个博弈可以建模如下：

博弈 6. 纯协调 1

|   | $R$ | $L$ |
|---|---|---|
| $R$ | (1, 1) | (0, 0) |
| $L$ | (0, 0) | (1, 1) |

如果两个司机选择在同一边开，比如都选择右边或都选左边，那么由于他们是相对而开的，所以两个司机都会活下来（支付为 1）；如果他们选择在不同的一边开，就会遭遇车祸（支付为 0）。在这个博弈中，$(R, R)$ 和 $(L, L)$ 都是纯策略，二者在现实中也都被采用过（例如，在美国和在英国就各自采用了不同的均衡规则）。显然，这两个策略是完全对称的，就理论的考虑而言，我们不能期待其中一个均衡要好过另一个均衡。

可以看到，这是一个纯协调博弈。两个参与人之间并无利益冲突。他们只是想彼此协调一致。然而，他们可能不会达成协调，最后可能还会陷于协调落空的境地。因此，立法规定司机行车应该在公路的哪一边会是十分有用的。这里，法律的作用并不是解决囚徒困境类的情形，而是作为一个协调机制而存在。

纯协调博弈可能有一个在参与人眼中并不等价的纳什均衡。比如，假设

107

参与人 I 和参与人 II 希望见面，他们可以去餐馆 $A$ 或者餐馆 $B$。两个人都偏好 $A$ 胜过 $B$，但是他们的主要目标是要在一个地方相见。如果他们不能彼此相见，他们就错过了饭点。这个博弈可以表述如下：

博弈 7. 纯协调 2

|   | $A$ | $B$ |
|---|---|---|
| $A$ | (3, 3) | (0, 0) |
| $B$ | (0, 0) | (1, 1) |

我们又一次有了两个纯策略纳什均衡。我们可能会期待参与人足够聪明，都选择去 $A$，但是，不管出于什么样的原因如果他们相信会面地点设在了 $B$，那么他们也有动机都选择去 $B$。这里，我们可以期望有一项法律或管制措施不仅帮助参与人进行协调，而且也排除帕累托劣均衡，这样一来，就可以从他们的选择中剔除"坏"的选项。

那些不是纯协调的博弈仍然可以具有和竞争一样的协调性的一面。例如，"性别战"是关于一对彼此深爱对方的夫妻的故事，他们要决定是观看芭蕾舞演出还是去看一场拳击比赛。重要的是，这些选择是个体来做出的。两个人都不愿独自一人去看演出，他们希望能够在一起看演出，但是各自的偏好又不同。这个博弈可以建模如下：

博弈 8. 性别战

|   | 芭蕾 | 拳击 |
|---|---|---|
| 芭蕾 | (2, 1) | (0, 0) |
| 拳击 | (0, 0) | (1, 2) |

这里如果你希望沿袭成例的话，那么就称女方是行参与人，男方是列参与人好了。这里，我们再一次有两个纯策略纳什均衡，它们是由两个参与人不同地予以排序的。

在博弈 6、7 和 8 中，每一个都还有一个混合策略均衡，但是这样的均衡在这些博弈中并不是非常合理的预测。如果我们稍微偏离一点这些信念，那么就会发现最优反应会导致出现纯策略纳什均衡而不是回到混合策略纳什均衡。

最后，来看下面这个猎鹿博弈（是让—雅克·卢梭最早给出的一个比喻）。两人进入森林打猎。每个人都可以选择追一只兔子还是一头牡鹿。牡鹿当然是更好的奖品，但是它要求双方合作。兔子不是那么好的猎物，但是每个猎手一个人就可以抓到。这个博弈可以建模如下：

博弈 9. 猎鹿

|  | 牡鹿 | 兔子 |
|------|------|------|
| 牡鹿 | (10，10) | (0，7) |
| 兔子 | (7，0) | (7，7) |

（牡鹿，牡鹿）和（兔子，兔子）两个都是纯策略纳什均衡。前一个帕累托占优于后者。但是，与纯协调博弈相反的是，这个帕累托占优均衡更具风险性。如果你去猎鹿，而你的同伴去猎兔，那么你可能会一无所获，饥肠辘辘。如果对其他参与人是否真的采取他的均衡策略感到疑惑，那么你可能会开始思考是否去猎兔。你的同伴可能会有同样的想法这一事实，可能仅仅刺激了你转向更加安全的选项，也就是猎兔。用约翰·豪尔绍尼和莱因哈特·泽尔腾创造的一个术语来说就是，（兔子，兔子）风险占优于（牡鹿，牡鹿），因为给定关于其他参与人行为之信念的更为宽泛的集合，它是最优的。[①]

### 7.3.2  真实生活的例子

**革命**  来看一个集权主义政权统治下的国家，对于这个政权，该国绝大多数公民都不喜欢。这个政权依赖于军事力量和秘密警察维持，如果有些公民从事非法活动，那么他们就会被惩罚。但是如果人口中足够大的比重的人参加了起义，那么这个政权就会被推翻。这可以看成公民之间进行的一场博弈，每个人都有两个选择，反叛或默许，有两个纯策略纳什均衡。从一个到另外一个的过渡，我们称之为革命或政变。在现实中，有些推翻政权的努力成功了，而有些则失败了。也就是说，当这个政治体制受到扰乱时，有时候会在一个均衡上解决，而有时候会在另外一个均衡上解决。我们经常会发现，很难预测到底将会是哪个均衡得到实现。

**银行挤提**  银行基于这样的理念在经营：人们将他们的钱存到银行，当他们需要它时才去取来用。如果取款的时间是随机的，那么银行只需要保留一部分存款并将余下的投资出去。如果出于某些原因所有的存款客户

---

① J. C. Harsanyi and R. Selten, *A General Theory of Equilibrium Selection in Games* (Cambridge, Mass. : MIT Press, 1988).

都相信其他的客户打算取回他们的钱，那么他们认识到银行处于破产的危险之中，此时尽快地收回自己的钱就是当务之急了。这就导致了银行挤提现象的发生，在银行还有一些钱的时候人们冲在前面要第一个取回自己的存款。

这种情况可以被看成一个拥有多个参与人的博弈，其中有两个纯策略均衡：一个是每个人都信任银行，每个人都有一个良好的理由信任银行；另外一个则是无人信任银行，每个人都有一个良好的理由不信任银行。这里对均衡的选择是至关重要的，这就是金融稳定性和金融危机之间的差别所在。

**遵守法律** 假设国家通过了一项新的反抽烟法。它可能会得到遵守，但也可能被大家所忽略。在很多国家，都有这样的停留在纸面上的法律，从未得到执行。那么一项新法律的命运又将会是怎样的呢？

正如在之前的例子中一样，在这个博弈里也有两个合理的均衡。如果每个人都遵守这项法律，那么违反该法律的单个个体可能会被惩罚，而遵守该项法律也是一个均衡。然而，如果每个人都忽略该项法律，那么国家就不会有资源用于惩罚每一种违法行为，那么对于个体而言，忽略该法律就是最优反应。

**结论** 在所有这些例子里，每一个均衡都是一个自执行的预言。均衡的选择不可能单独基于理论的考量而做出。为了就博弈将会以哪个均衡了结做出预测，我们还需要了解文化和历史。博弈论给我们提供了澄清思维的有力工具，将可能会出现的情况之集合缩小，但是它并不能给出单一的预测。分析性思维在识别合理的最终结果的集合上帮助极大，但是它无法取代对历史、制度细节的理解或者直觉的认识。

## 7.4 承诺的威力

我们再次来看性别战（博弈 8）博弈。这个博弈有两个纯策略纳什均衡，每一个都比另外一个被其中一个参与人更为偏好。现在假设作为列参与人的男人穿上了跑鞋，离开了房间。我们把这一行动解释为该参与人不去看芭蕾剧的单边承诺（在芭蕾剧场跑鞋是不被允许的）。也就是说，这个男人剔除掉了他的一个选择。那么接下来会发生什么呢？认识到男人不可能去看芭蕾剧了，女人就面对这样一个简化的博弈：

博弈 10. 剔除一列之后的性别战博弈

|       | 拳击      |
| ----- | -------- |
| 芭蕾   | (0，0)   |
| 拳击   | (1，2)   |

她的最优反应是去看拳击赛。显然，在初始博弈中，这是列参与人更为偏爱的纳什均衡。这样一来，我们会发现他可以从承诺中获益，通过剔除掉他的一个策略，我们改变了这个博弈。他不是在进行具有两个纯策略的博弈，而是创造了一个新的博弈，这个博弈里只有一个均衡。在采取哪一个均衡上不再有某种不确定性，就算真的有，该参与人也还是将他所偏好的均衡施加在了他的同伴之上。

在继续下去之前，我们应该给出一个评论。博弈理论分析假设所讨论的博弈描述了所有参与人所能采取的所有相关行动。因此，如果参与人确实可以剔除他的一些策略，或者发送信号给其他参与人，或者做一些其他可以改变该博弈性质的事情，那么这些行动应该是先验地被引入到博弈中去的。在芭蕾/拳击的例子里，如果这个男人确实在穿上跑鞋并消失还是待下来一起磋商上有一个选择的话，那么这个选择应该被描述为该博弈的一部分，这大致可以作为性别战博弈进行之前的第一步。换言之，博弈8中所描述的性别战博弈隐含地假设参与人没有更多的行动是可能的。穿上跑鞋的那个博弈是一个不同的博弈，尽管在某些阶段它和博弈8的确有些相似。

参与人可以从剔除可能的备选项中获益这一情况的确有些怪异。在一个人的决策问题中，我们不会遇到这样的现象。在理性的经典意义上，一个理性的人只能从更多选项中获益。的确，如果她不喜欢附加的那些选项，那么她可以不选它们，这是她的自由。由于认知的局限或自我控制问题，可能会有一些例外。但是，一个经典的理性参与人既不可能从附加备选项遭受什么不利，也不可能从它们的剔除上遭受什么不利。

与之相对，在策略性互动中，我们可以从剔除备选项中得到好处，或者等价地说，从承诺只在某个子集中进行策略选择中可以得到好处。事实上，本质来讲参与人并不能从拥有更少选项上得到好处。他之所以会得到好处，在于其他人认识到他不会选择那些被剔除的选项。

承诺的威力在国际政治当中可见一斑。我们来看两个核大国 A 和 B 之间的脆弱的和平。A 可以以某种受到限制的方式攻击 B，那么 B 将不得不决定是否回应，或者甘冒局势进一步恶化的风险，或者重新谈判达成一项新

111

的和平协议。如果 $B$ 是理性的，那么若确实遭到了攻击，则它可能偏好后一个备选项。由于 $A$ 认识到了这一点，它可能会为了眼前利益，相信 $B$ 会非常理性，不打算惩罚 $A$，从而试图攻击，因而甘冒局势进一步恶化的风险。现在假设 $B$ 考虑安装自动反击系统，在无须参与人做出进一步决策的情况下，对任何攻击都会还以颜色。安装这样的系统就等于承诺使用某种策略（还击），也就是说，自动将该参与人的某些策略进行剔除。但是这一承诺可能会带来好处，因为它会降低 $A$ 首先发起攻击的激励。

沿着类似路线，做出攻击的承诺也可以是有利可图的。我们来看这个例子，假设 $B$ 可以安装一个导弹防御系统，它可以极大地降低但是不能消除 $A$ 伤害 $B$ 的能力。$B$ 知道装上了这样的系统会使得它在攻击上成本更低一些，认识到这一点，$A$ 可能希望 $B$ 先发制人。与之相对，如果 $B$ 保持这样的防御姿态，那么它就发信号给了 $A$，表明它并没有侵略意图，因此降低了 $A$ 发起攻击的激励。

112

## 7.5　共同知识

对一般意义上的纳什均衡，尤其是均衡选择的讨论，触及了博弈中其他参与人关于这个世界的知识或信念问题。对这些参与人将会做什么进行一番推理之后，我们不得不就他们知道什么或相信什么进行思考，我们发现他们同样也在思考其他人。我们很快认识到，知道参与人相信其他参与人相信其他参与人相信什么，如此等等，非常重要。

在个体的集合之内，每个人都知道它，每个人都知道每个人知道它，如此等等，这种情况被称为共同知识（common knowledge）。这一概念，在哲学中由大卫·刘易斯（20 世纪 60 年代后期）、博弈论中由罗伯特·奥曼（20 世纪 70 年代中期）、计算机科学中由约瑟夫·哈尔朴恩和约拉姆·莫斯（20 世纪 80 年代早期）发展出来。[①] 刘易斯对社会习俗非常感兴趣，奥曼则关注博弈中的均衡，哈尔朴恩和莫斯则集中关注计算机的协调问题。

当我们思考均衡博弈行为时，我们认识到为了为理性参与人会采取它提

---

①　D. K. Lewis, *Convention：A Philosophical Study* (Cambridge, Mass.：Harvard University Press, 1969)；R. J. Aumann, "Agreeing to Disagree," *Annals of Statistics* 4 (1976)：1236　1239；J. Y. Halpern and Y. Moses, "Knowledge and Common Knowledge in a Distributed Environment," *Annual ACM Symposium on Principles of Distributed Computing* (New York：ACM, 1984), 50 - 61；R. Fagin, J. Y. Halpern, Y. Moses, and M. Y. Vardi, *Reasoning about Knowledge* (Cambridge, Mass.：MIT Press, 1995).

供论证基础，我们需要借助某些非常接近共同知识的东西。如果理性参与人认为其他人会采取他们各自的策略，那么他就会采取均衡行为。为了给均衡提供论证基础，我们无须在信念方面有多于此一层的更深认识。但是如果其他参与人也被认为是推理的实体，那么我们可能会问参与人为什么会认为其他参与人会采取他们的均衡策略。他可能会说"因为他们是理性的，会为此做出最优反应"，但是这意味着他相信其他的参与人也相信这一均衡会被采用。而如果我们进一步深入，来问为什么他认为其他的参与人会这么想，那么我们会对他的第三阶信念颇感兴趣，也即他相信其他参与人相信其他参与人相信什么，如此等等。

## 7.6  扩展式博弈

前一节所描述的博弈被以矩阵的形式进行了定义，其中行和列描述了策略，该矩阵给出了效用函数。这一表达式可以扩展到超过两个参与人的情形中去。我们称它为博弈的标准式（normal form）或策略式（strategic form）。在没有描述博弈的动态过程的情况下，它列出了所有的策略。

另外一种对博弈建模的方法遵循了参与人行动的历时次序。在这一扩展式（extensive form）中，该博弈被以一幅树状图进行描述，其中在每一幅结点上，规定一个具体的参与人采取行动，结点伸出的枝描述了该参与人可以采取的各种不同的行动（参看下一节的图 7—1 和图 7—2）。当该博弈具有一个清晰的历时展开时，这一历时展开形式对博弈的这一表述是非常具有吸引力的。

如果该博弈在历时结构上并不是那么清楚，而且某些参与人同时做着某些决策的话，那么扩展也仍然可以用来对添设了信息集的博弈进行建模。一个信息集（information set）是具体的参与人结点的一个集合，就该参与人而言，轮到他行动时，在这个集合内的结点上他是无法区分他具体在哪一个结点上的。也就是说，如果该参与人确实在信息集中的一个结点上，他知道他在其中某一个结点上，但是不知道具体在哪一个上面。

如果参与人总是知道他在具体哪一个结点上，也即他确切地知道其他参与人在他之前采取了什么行动，那么我们称这一博弈具有完美信息（perfect information）（这表明每一个信息集都仅包含一个元素）。这样的博弈包括象棋、西洋跳棋、一字棋以及其他室内游戏，其中没有机会元素包含在内。完美信息博弈也经常以国家、企业或个体间策略互动的模

*113*

型出现。

任何策略互动都可以要么建模为一个标准式的博弈，要么建模为一个扩展式的博弈。有很多标准的方法将一个博弈从标准式转换为扩展式，反之亦然。像劣策略和纳什均衡这些基本概念也可以在扩展式模型中以等价于标准式模型中各自定义的方法进行定义。

## 7.7 完美性和可置信的威胁

我们来看下面这种情况。你沿着一个暗不见物的胡同漫步。突然你感到有一个坚硬的尖头物体顶住了你的后背，一个声音响起："要钱还是要命？"你该怎么做？

你可以将这种情况思考成一个扩展式博弈。你是参与人 I，可以决定是否将钱包丢给他。你不知道劫匪是谁，他带的这个是不是枪。为了简化起见，假设他带了枪，唯一的不确定性在于他会不会使用它，这一不确定性是策略性的。我们把劫匪看成参与人 II。为了进一步简化这一问题，假设如果你把钱包给他的话，那么他就不再有动机开枪射你。这样，如果你丢给他钱包，那么博弈结束，结果对劫匪最优。对你（参与人 I）来说，这个结果要比保全了钱包且没有被枪射到要差，但是要好于被射到。我们将这一情况作为扩展式博弈，建模成图 7—1 中的形式。这个博弈从你感觉到枪一样的尖头物体顶到你的后背之后开始。现在，你有两个选项。选项给钱，会使你获得 5 的支付，劫匪获得 10。如果你拒绝，那么劫匪（参与人 II）可以选择用枪射你，并拿走钱包，或者跑路。如果他用枪射你，那么你的支付会变成 0，他的支付为 8。如果他跑路，那么你会得到 10 的支付（不但保住了命，而且保住了钱包），他会得到支付 5。

当你在想该怎么办时，你可能会思考劫匪的策略。假设你没有给他你的钱包。劫匪会做什么？你认识到，他可以开枪射你，然后从你身上拿走钱包。这个故事的关键在于，对于他来说有比没拿到钱就跑路更好的结果。因此，劫匪的威胁"要钱还是要命"是可置信的，那就是选择策略开枪，它是针对参与人 I 的策略拒绝给钱的最优反应。然而，参与人 I 的策略拒绝给钱并不是针对参与人 II 的策略开枪的最优反应。给定参与人 II 打算开枪，参与人 I 的最优反应是交出钱包。而对于参与人 II，开枪射击也是交出钱包的最优反应，因为如果交出钱包是由参与人 I 选中的，那么参与人 II 没有机会选择开枪射击，无论他做什么都是最优的。简言之，交出钱包和开枪射击这

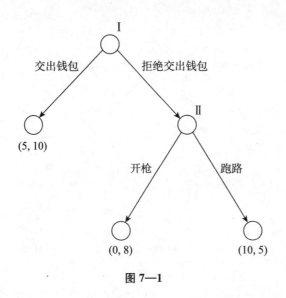

图 7—1

对策略构成了一个纳什均衡。事实上，这也是这个博弈中以纯策略表示的唯一纳什均衡。

接下来，再看一下同样的一个例子，对它稍加修改，即劫匪装备的不是一杆枪，而是一颗手榴弹。他站在你身后，说："如果你不给我你的钱包，那么我会炸死你。"但是很显然，对你们两个人来说，手榴弹一旦爆炸你们俩在这种情况下是一条线上拴着的两只蚂蚱，谁也跑不了。这个博弈在图 7—2 中给出了描述。在这个博弈和图 7—1 的那个博弈之间，唯一的区别是前一个博弈中可以得到支付（0，8）的开枪策略被得到支付（0，0）的引爆手榴弹的策略给代替了。在这个博弈里，你会交出你的钱包吗？

莱因哈特·泽尔腾使用他给出的子博弈完美（subgame perfect）和完美均衡（perfect equilibrium）（分别在 20 世纪 60 年代和 20 世纪 70 年代引入）的概念在可置信和不可置信的威胁之间做出了区分。[①] 在第一个例子里（使用的是枪），劫匪威胁杀了你是可置信的。如果他能够把它实施出来，那么他有动机这样做。集中关注你拒绝交出钱包之后开始的子博弈，根据均衡，对于劫匪来说，其最优反应是向你开枪。泽尔腾称这是一个子博弈完美均

*116*

---

① R. Selten, "Spieltheoretische Behandlung eines Oligopolmodells mit Nachftragetragheit," *Zeitschrift für die gesampte Staatswissenschaft* 121 (1965)：667 – 689；R. Selten, "A Reexamination of the Perfectness Concept for Equilibrium Points in Extensive Games," *International Journal of Game Theory* 4 (1975)：25 – 55.

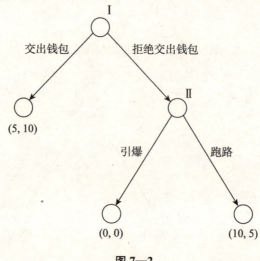

图 7—2

衡，因为这是整个博弈的唯一均衡，将均衡策略限制在每个子博弈上（从这个博弈树上的任意给定的结点开始），也可以带来这个博弈的一个均衡。

与之相对，在第二个（手榴弹）例子里，威胁是不可置信的。如果劫匪要实施该策略，那么他会有动机重新思考他所给出的威胁，活下来总是比和你同归于尽要来得好。重要的是，第一个博弈（手枪）的纳什均衡也是第二个博弈的纳什均衡。你的策略交出钱包是针对他的策略引爆的最优反应，因为如果你拒绝交出钱包，那么劫匪会计划引爆手榴弹，所以对你来说交出钱包就是一个最优反应。劫匪的策略也是针对你的策略的最优反应，因为认识到你会交出钱包，所以劫匪做出引爆手榴弹的威胁不会有什么损失。

但是在这个纳什均衡中有一些虚假的问题。劫匪的策略是你的策略的最优反应，仅是因为他从来没有机会切实地执行它。事实上，他的手榴弹威胁并不是可置信的。如果他发现自己在选择是和你一起引爆手榴弹同归于尽还是不引爆它的话，那么他会偏好于不引爆。认识到这一点之后，你可能会认为他在虚张声势。你会偏离你的均衡策略，并且说："我不会交出钱包；让我看看你是不是真打算把我们俩炸死！"这一威胁不可置信的事实可以由子博弈完美性的概念予以体现。如果我们将纳什均衡策略限制在从参与人 II 开始行动的子博弈上，那么我们会发现在这个子博弈中他的策略对他来说不是最优的。这样一来，那个你交出钱包的纳什均衡就不是子博弈完美的了。

### 7.7.1 逆向归纳

完美信息博弈可以由逆向归纳（backward induction）进行分析。我们从博弈树的枝叶开始，向后分析。在每一个阶段，假设我们已经求解了该博弈树的剩下的部分，我们要问的是参与人在一个给定结点上会做什么。由于没有涉及不确定性，所以参与人的选择是良好定义的，这当然也包括平局的情况。也就是说，如果参与人要在得到相同支付的几个选项上进行选择的话，那么我们可能无法得到唯一的预测。我们可能还要关心她制定决策的方式，因为在她眼中等价的结果可能对于其他参与人来说并不相同。不过，如果所有的支付都彼此有别，那么逆向归纳法就可以给出独一无二的预测。

从直觉的意义上来看，逆向归纳解依赖于理性的共同知识，当每个选择的结果已知时，这体现了对个体自身效用最大化的理解。当我们在博弈树的终点，要预测确定性条件下的备选项之间一个参与人的选择时，为了预测她会选择承诺给她的最高支付的枝，仅需要假设理性这一个条件就足够了。事实上，如果我们要正确地对互动情形进行建模，那么支付应该是一个描述了选择的效用函数，而对这个函数的最大化是同义反复。

当我们往前逆向一步，我们需要假设做出选择的参与人是理性的，而且他还相信其他在他之后行动的参与人也是理性的。没有这样的信念，我们在最后一个决策结上对行为的分析可能并不能为在它之前采取行动的参与人所共享。当我们再向上走一层，为了给逆向归纳解提供合理的基础，我们需要假设轮到其行动的参与人是理性的，而且他知道在他之后行动的那些参与人是理性的，而且他知道他们知道那些在他们之后行动的参与人是理性的。随着再往上走，这一过程就会继续下去。很容易可以看出，为了给逆向归纳解提供合理的基础，我们需要假设关于理性的知识的层数至少要和博弈树的深度一样。

理性的共同知识不需要给我们提供一般性的唯一预测。但是，在（有限）扩展式完美信息博弈中，公认的是，如果所有支付（对每个参与人）彼此不同，那么理性的共同知识就会带来唯一的预测，这就是逆向归纳解。[①]的确，在这些博弈中，逆向归纳解是唯一的子博弈完美均衡，也是唯一的经过重复剔除弱劣策略之后得到的策略选择。

---

① 使这个表述更为精确，是一项十分具有技巧性的事情。这一信念的 vaility 取决于对理性和共同知识的准确定义。参看 R. J. Aumann, "Backward Induction and Common Knowledge of Rationality," *Games and Economic Behavior* 8 (1995)：6-19.

# 8 自由市场

## 8.1 举例：全球化

奥利弗：我恨发生在这个国家的一切。它再也不像是法国了。

保罗：你这话是啥意思呀？

奥利弗：所有的东西都是其他地方生产的。没有一样是真的。你所能想到的一切都是在中国或韩国生产的。

保罗：那又怎么样？

奥利弗：它不再是我的祖国了。除了奶酪，谢天谢地，这东西还不知道怎么进口。

保罗：噢？

奥利弗：你知道，无论你走到哪里，它都是一个被外国人给占领了的国家。

保罗：我明白。你的意思是移民太多了。

奥利弗：可以肯定，有很多很多。

保罗：所以真正让你感到困扰的不是他们在中国缝制衣服。困扰你的是有太多非法兰西民族的人住在左右。我可以这样认为吧。

奥利弗：你看这里，我总是投票给右翼，但是我不是种族主义者。不要试图把我想成一个种族主义者。

保罗：我还是不理解你的问题是什么。它听起来很像是 La France aux francais［"法兰西人的法兰西"，一个右翼竞选标语］。

奥利弗：据我所知，你也从来不是全球化的铁杆粉丝啊。

保罗：当然，但是原因却极不相同。

奥利弗：比如？

保罗：看到西方世界对发展中国家所做的一切，实在是触目惊心。它再次对全球进行殖民化，即西方世界获取了更为廉价的劳动力，穷苦的孩子们为了可怜的薪水不得不辛苦劳作。

奥利弗：那好吧。这确实是一个很不好的情况。

保罗：再加上，资本主义和消费主义使得我们非常雷同。无论你去到哪里，你都能看到星巴克和耐克，当然还有麦当劳。起初还只是所有的机场都可以看到这些，现在所有的城市都能看到它们了，无论你在这个世界的哪一个角落，无不如此。没有差异，就没有经历上的丰富。我们都像自动化的消费者，盲目地根据市场的步调行进。

奥利弗：所以，你看，你也恨全球化不是？

保罗：是的，但是我恨它是因为我爱人类，并不是因为我憎恨他们。我反对全球化，是因为它清除和摧毁了文化，而不是像你那样因为偏好将其他文化拒之门外。

［米歇尔进来了。］

米歇尔：哦，你们俩又在诋毁全球化了是吗？

奥利弗：嗯，全球化不是个好事，让我告诉你吧。它将会是你我的灾难。

米歇尔：至少你们的观点和世界其他地方的看法很一致。反对全球化的相同论证也出现在地球的其他角落，这一点让人印象极为深刻。

保罗：所以，可能它们的确是很有说服力的吧。

米歇尔：可是相反的论证也很有说服力。这些观点显然并不取决于职业或民族。

119

保罗：你的意思是，全世界所有的经济学家都已经被洗过脑，对着全球化一致唱赞歌了。

米歇尔：也不是所有经济学家都这样。不过他们至少知道支持全球化的观点是什么，这一点倒是真的。

奥利弗：那它是什么呀？说给我们听听，让我们也开开眼！

米歇尔：那很简单，但是并不总是显而易见。关键之点是如果你让人们进行贸易——让，而不是驱使，你允许他们做那些改善所涉及的所有各方境遇的事情，那么这会对你思考是购买衣服还是购买劳动，是进口最终产品还是选择移民这些问题有所帮助。市场是有效率的。

保罗：我很是憎恶效率这个概念。我不想要变得有效率而整日地跑个不停。我想有时间进行思考、感受，做我自己。

米歇尔：那很好啊，但是你说的效率不是我说的那种效率。

保罗：还有其他种类的效率吗？

米歇尔：经济学家思考的是帕累托效率，这是为纪念帕累托而命名的。效率的思想并不是要生产或消费更多。它只是不要错失良机以使在不伤害他人的情况下让某些人境况更好。

奥利弗：那听起来不太可能啊。你总是会伤害到某些人。

米歇尔：且慢。我试着确切地对什么是非效率进行定义。在不会给他人带来任何成本的情况下，你还可以严格地提高某些人的效用，这种情况就是没有效率。你会非常惊讶，这种非效率可能每天都在发生。

保罗：举个例子？

米歇尔：只要你付税，这就会存在。假设你的厨房漏水了，你叫来了一个水暖工。你愿意为修复水管支付 100 欧元，他愿意以这个价格修理水管。

奥利弗：酷。尤其是他是法国人的话。

米歇尔：只是有一个问题。这个水暖工支付了所得税，比如说支付了其收入的 50%。因此他需要向你要求支付他 200 欧元，他才愿意为你干这个活，因为这样他才能得到 100 欧元。

保罗：那我就得付给他 200 欧元？

米歇尔：可能你就得这样了。但是问题是你可能会认为这太贵了，你会试着自己来修理它。

保罗：棒极了。时常规规矩矩地干点活对你有利无害。

米歇尔：而这应该是你的决策。关键在于，如果你允许两个人进行贸易，他们本来愿意在 100 欧元上进行贸易，从而两个人都变得更开心。没有人会受到伤害。

奥利弗：但是要征所得税啊。为什么我应该支付所得税，而水暖工不去支付呢？

米歇尔：好，我们必须要征缴所得税，而水暖工也一样要缴纳它。你还是可以看到为什么政府的涉入会使事情变得不再是帕累托有效的。由于税收，本来可以发生的贸易——可以使所有各方在不会给别人带来成本的情况下变得更好的贸易——没有发生。

保罗：对于全球化，道理是一样的，对吗？

米歇尔：基本上来说是这样的。也就是说，有人可以在发展中国家以较低的成本来生产一件衬衫，有人愿意支付超过该成本的价格，而如果你反对全球化，那么你就如同不让他们进行贸易。

保罗：那么，你是在说对贸易施加限制会给我们带来不良后果，而这也即一个不符合帕累托效率的结果是吗？

米歇尔：是的。

保罗：听起来像亚当·斯密和大卫·李嘉图的老调子。

米歇尔：老调子并不是错的调子。

保罗：所以你认为如果我们将贸易的所有障碍扫除的话，那么我们的境况会变得更好，是吗？

米歇尔：不会自动如此，但是我们会在一种帕累托有效的配置上。一个不可能在每个人眼中其状况仍能得到改善的配置状态。

奥利弗：可是它不一定比旧配置更好，正像刚才你说的那样。如果这衬衫现在更便宜，而一个好的法国裁缝就会没了生意，那么他的境况就不会变得更好。

米歇尔：这就是微妙之处。新的配置无法再有人改善，但是并不意味着它比还能改善的那些配置更好。为了让裁缝变得情况更好，你需要补偿他。而且你可以这样做，因为如果我们让能以更为低廉的成本生产产品的生产商生产了产品，那么我们就有足够的剩余留出来补偿更为昂贵的商品。

奥利弗：补偿是什么意思？

米歇尔：给他们钱。

保罗：我从来没见过这么干的。

米歇尔：嗯，我见过。例如，你的失业福利。

奥利弗：好极了。把我送回家，坐等我的福利支票。真是一个伟大的解决方案。

保罗：奥利弗是对的。你不能用钱补偿他们。你站在了非常严格的经济学立场。你没有考虑个体的自尊和整个社会的联动效应。你研究经济学，但是你显然从未打开过一本心理学或社会学的书籍来看过。

米歇尔：嗨，一个一个来好吧。我告诉过你，并不是所有的经济学家都赞成全球化。但是我认为你应该至少在你开始批评它之前理解这些基本的推理。我不是很确定你理解了它没有。我也很不确定你真的想要理解它［生气地离开了房间］。

保罗：［看着奥利弗，眼珠转动］这些经济学家！他们从来没有学会过如何不失优雅。

## 8.2 第一福利定理

第 6 章讨论过采取规范方法来研究社会决策问题，并且还讨论了偏好加总如何艰难。该章还定义了帕累托最优的概念，它设法避免了概念性的难题，这样处理大体满足了我们无法使每个人境况变得更好的最低条件。第 7 章讨论了一个更具描述性的方法，并认为即便是帕累托最优也难以达到。作为个体理性无法达成帕累托有效结果的一个例子，我们给出了囚徒困境博弈；在纯协调博弈以及那些帕累托占优均衡被帕累托劣均衡风险占优的博弈（比如猎鹿博弈）中，同样的事情也会发生。

尽管有着所有这些林林总总的问题，让人感到惊奇的是，还是存在一些好的消息，虽然这些消息需要受到限制。这个好消息是，在某些条件下，自由市场可以实现帕累托有效的均衡。自由市场的均衡是帕累托有效的均衡的基本条件如下：

● 消费者是理性的（在古典意义上）。每个消费者都可以被看成在给定预算约束下最大化其效用函数。消费者的偏好是固定的。特别地，消费者不会被短期考虑所诱惑，而在后来对其选择感到后悔。

● 所有产品都是私人物品，没有外部性。一个产品的一个既定单位只能被一个消费者所消费，这不会被其他人所影响。

● 消费者偏好更多而不是更少。他们可能在某些产品上是餍足的，但是不能在所有产品上都是餍足的。这样一来，消费者就不可能会留下未用完的收入。

● 企业是理性的。每个企业都可以被看成在给定其技术和市场价格的情况下最大化它的利润。

● 消费者和企业都是价格接受者。他（它）们不会考虑他（它）们对市场价格的可能影响。

● 市场是完全的。每个产品——商品、服务或者影响偏好的权利——都可以被贸易。

● 信息为市场中所有的行为人共享。不确定性可能存在，但是信息是对称的，没有人知道的比别人更多。

竞争性均衡由出清市场的价格予以定义，可以像下面这样来解释之。摆在我们面前的这个经济体，它由消费者偏好、企业技术以及消费者的初始禀赋（既包括产品也包括企业股份）予以定义。所有的消费者每天都具有 24 小时的时间。有些拥有自己的土地或其他资源。有的可能要么直接要么通过证券市场而拥有企业。对于这样一个经济体，我们要问为每种产品列有价格的列表是否可以由均衡来表示。

来看一个价格的建议列表。为了看它是不是一个均衡，我们首先来求解每个企业的利润最大化问题。这决定了企业的产品供给。企业的利润根据股份多寡在消费者之间分配，它规定了每个企业中有多少是归每个消费者所有的。那么，我们使用价格来将消费者的初始禀赋转换为货币。对于每一个消费者来说，我们从两个来源上对收入进行加总（企业的利润和初始禀赋价值），并把它看成定义了预算约束的收入。如果我们现在为每个消费者求解了该消费者的问题，那么我们就可以得到消费者的需求。如果在每一个市场上，我们都发现需求等于供给，或者一旦价格为零需求还会超过供给，那么我们开始进行分析的这个价格就构成了一个均衡。

在这些假设之下，第一福利定理告诉我们，竞争性均衡为企业所决定的生产计划和消费者之间的产品分配做出了定义，这些计划和分配都是帕累托最优的。也就是说，不可能给出其他的生产计划和分配方案，使得在所有其他的消费者福利水平保持不变的同时，还有一些人的福利水平比均衡配置情况下更高。

第一福利定理依赖一个简单而有力的工具：市场中所有的行为人相对于相同的价格进行最优化。这正是它们联合计算出帕累托最优配置的原因。让我们来看几个例子，阐释一下为什么行为人针对相同的价格进行回应可以找到以下三类问题的最优解：（1）每个产品生产多少？（2）谁应该来生产它？

124

（3）谁应该来消费它？

让我们先从生产问题开始。假设你的水管漏水了，有一个水暖工可以帮你修好它。到底是请水暖工来修理你的管道，还是你自己学着慢慢适应这种漏水的状况，哪一种是最优的呢？这是一个生产问题。我们可以把水暖工看成一个企业，它有一种技术，可以把水暖工的时间转化为修管道的服务这种产品。

显然，如果你不给水暖工任何补偿，那么他就不会来做这份工作。水暖工要求付费。只有付给水暖工报酬时，他才会工作。你希望看到管道修好的状态，我们假设你愿意为这一服务支付一定量的报酬。我们称这个数量为你的保留价格（reservation price）。只要让你付的酬金不超过这个价格，你就会雇用一个水暖工。为简单起见，假设你和水暖工是这个经济体中仅有的两个个体，或者也可以这样假设，即有很多相同的水暖工和所有方面都和你一样的很多消费者。

问题在于，你的保留价格是否超过了水暖工索要的酬金。如果前者大于后者，也就是说，你愿意支付的酬金比水暖工要求的酬金还要多，满足帕累托最优条件的贸易即可进行。具体而言，如果你不进行贸易，那么我们可以通过请求水暖工来修你家的管道并让你支付给他任何一个高于他要求的酬金而又低于你的保留价格的费用，来找到一个帕累托改进。任何这样的数量都会使你们两个变得更好，这样，相对于初始的配置，这就是一个帕累托改进。

然而，如果你的保留价格低于水暖工索要的报酬，那么对你来说，管好自己的钱，习惯于漏水的生活状态，就是帕累托最优的了。修理你家的管道，没有办法达成帕累托改进，因为要求补偿给水暖工的最低酬金要多于你愿意支付的酬金。

现在，让我们来看看均衡价格（酬金）会停在哪里——是更接近水暖工要求的酬金，还是更接近你的保留价格？让我们从第二种情况开始。你的保留价格低于水暖工索要的酬金，因此没有价格在高到让水暖工卖掉他的时间的同时，低到让你购买它的地步。因此，当你和水暖工都最优地对同一个市场价格进行反应时，无论这个价格是多少，都不会有贸易发生，正如帕累托最优性所表明的一样。

现在假设你的保留价格高于水暖工索要的酬金。我们需要确证的是均衡价格的确会在二者之间出现。如果该价格低于水暖工索要的酬金，那么它也必然会低于你的保留价格。因此，你希望能够雇用水暖工，也就是在劳动力市场上有需求。但是水暖工不愿意提供他的劳动，因为这个价格比他要的报酬低。因此，在这个劳动力市场上有着超额需求，这个市场并不均衡。你可能会预期这个价格在这种情况下会上升。然而这只是一种直觉，我们在这里不讨论向均衡收敛的问题。我们只要确证存在超额需求，就已经足够了，这意味着该市场没有达到均衡。

接下来，我们假设该均衡价格高于你的保留价格。因此，它也高于水暖工索要的酬金。故而，水暖工愿意在劳动力市场上提供他的服务。但是由于价格过高，你不打算购买这一劳动带来的服务。水暖工也就得不到工作机会。该劳动力市场存在着超额供给。除非价格为 0（然而我们假设它是高于 0 的），否则这在均衡中是不可能的。这种超额供给可能再次带来了较低的价格，但是关键在于这仍然不是一个均衡。

这样一来，我们剩下的结论只能是，均衡价格必然位于水暖工索要的酬金和你的保留价格之间（仍然假设后者高于前者）。在这种情况下，贸易得以实现。水暖工对价格的最优反应是出卖他的时间，而你的最优反应是购买它。重要的是，之所以会这样，乃是因为你们两个都针对同一个价格做出了反应。正如在这种情况下帕累托最优性所昭示的那样，贸易确会发生。

强调这一解决方案不必然公正或正义，这一点是很重要的。很可能，水暖工不喜欢他的工作，而他不得不修理管道，是因为他从没有得到过公平的机会去学习他本来很喜欢的那些职业所需要的技术。也可能你没有为他愿意为你提供更复杂的服务支付足够的报酬。均衡所确保的只是帕累托最优性。如果在均衡处没有贸易，比如说由于水暖工索要的酬金高于你的保留价格，那么你至少可以确信，让你们两个的境况都得到改善是不可能的。如果在均衡处贸易的确发生了，那么这也是可能成立的。也就是说，无论均衡包含贸易与否，均不存在帕累托改进是有可能的。

让我们来看第二个问题，即谁应该生产这些产品。我们来看桌子的市场。不同的木匠在生产桌子的时候有着不同的成本。我们来看其中两位，$A$ 和 $B$。$A$ 可以以 200 美元的边际成本来生产一张桌子。也就是说，如果 $A$ 决定多生产一张桌子，则 $A$ 的总支出，包含劳动、原材料等，加在一起为 200 美元。$B$ 生产一张桌子的边际成本为 300 美元。让 $B$ 生产一张桌子而 $A$ 不生产，显然不是帕累托最优的生产计划。的确，在这样的例子里，对于 $B$ 来说，转包生产桌子，会是一个帕累托改进。$A$ 可以为 $B$ 以 200 美元的成本完成这项工作，而不是耗资 300 美元，节省下来的 100 美元他们可以共同

分享。购买者从 B 处买走了桌子，仍然得到了桌子这个产品，没有损失，两个木匠则都有所改善。这样一来，就有了一个帕累托改进。

然而，让 B 生产桌子而 A 不生产，就不存在竞争性均衡。如果价格低于 200 美元，那么他们两个没有一个愿意生产。如果价格高于 300 美元，那么两个人都愿意。而如果价格在 200 美元和 300 美元之间，那么 A 愿意生产，B 则不肯生产。因为针对同一个价格，两个人都做出了反应，所以均衡可以找到劳动的帕累托有效配置。

同样的逻辑可以运用到水暖工服务的供给上。如果还有一个水暖工，他可以以更低的成本来修理管道，那么帕累托最优性就会要求更低成本的水暖工来做这份工作。的确，对于劳动的任何一个市场价格（也即对于所索要的任一酬金）而言，我们会发现完成该项工作成本更高的水暖工只可能在成本更低的水暖工都被雇用的情况下才能得到这份工作。

在这两个例子里，劳动分工是帕累托最优的，但可能并不公平。桌子的较低成本的生产商在发展中国家里可能雇用了童工。或者较低成本的水暖工不去抚养孩子，因此更肯为低酬劳而工作。帕累托最优的配置不能保证公平或正义。我们所知道的一切仅是，如果我们从这样的配置开始，那么不可能让每一个人都变得境况更好。

最后，让我们回过来讨论消费者之间的产品分配问题。假设你和我都有管道漏水的问题。你愿意支付 100 美元来修理管道。我没有那么富裕，我只愿意最高支付 50 美元来修理管道。帕累托最优性可以允许我们两个的管道都得到修理、两个人的管道都不能得到修理以及你的管道得到修理而我的无法得到修理这三种情况发生。但是帕累托最优性排除了我的管道得到修理而你的没有被修理的情况。的确，在这样的情况里，我们可以进行帕累托改进。我会要求水暖工来修理你的管道而不是我的。你愿意为修理你的管道支付 100 美元，而我则在修理我的管道和保有 50 美元上无差异。由于这一服务对你来说所值比对我来说所值更高，所以我们可以来分割这一差值，均等或者不均等都可以让我们比原来变得境况更好。

我们认为，在竞争性均衡中，我们不会找到帕累托劣配置，在这种配置中我雇用水暖工而你不雇用这种情况是不会出现的。如果市场价格（水暖工的报酬）低于 50 美元，那么我们两个人都会雇用水暖工。如果价格高于 100 美元，那么我们两个人都不会雇用他。如果价格在这两者之间，那么你会让水暖工来修理管道，而我不会。由于我们是针对同一个市场价格进行反应，所以在均衡中帕累托无效配置不会产生。

值得重申的是，这里仍然没有关于公平和正义的任何要求。很可能我愿意只花费 50 美元来修这个漏水管道，因为我已经将我可怜的薪水都用在了孩子的医疗上，我没有足够的钱来支付修管道的费用了，而你比较富裕，也很健康，可以支付得起漏水管道的修理费用。为了让我的管道得到修理而让你的管道漏水，显然也不是帕累托改进。

第一福利定理之美在于，如果每个人都最优地对同一个价格做出反应的话，那么他们也会最优地对彼此做出反应。在这个意义上，竞争性均衡给出了对市场问题的巨大简化。假设我们现在处在 1924 年的莫斯科，我们计划如何运行苏联的经济。我们不相信市场经济。但是我们的确认识到，人们具有偏好，而企业具有技术，因此帕累托最优的概念对于我们来说还是有意义的。我们可以定义帕累托最优性，而且我们没有理由不去追寻它。但是我们如何才能做到呢？生产计划应该是什么样的，每个个体的消费应该是什么样的，才能确保帕累托最优性得以实现呢？我们需要询问人们他们的偏好如何，还需要去询问企业的技术如何，并且希望能够得到真实的回答。的确，我们会对将说真话作为一个均衡的可能性提出质疑。但是即便我们假设人们告诉了我们实际情况，我们也还是面临着庞大而复杂的计算问题。相反，第一福利定理则建议我们赋予人们以私有产权，为每一个商品标出价格，让每个人相对于这些价格进行最优化。假定有一个做市商，他根据超额需求和超额供给来调整价格，以某种方式来寻找构成竞争性均衡的价格。那么，我们知道我们已经达成了帕累托最优性。我们不需要问人们他们的偏好是怎么样的，也不需要问企业其技术如何。没有人有机会或者激励来误导。我们不需要解决那些复杂的问题。就好像我们已经使用一台超级计算机来进行过求解一样，经济体中每个行为人都是一个数据处理器，对这个巨大社会问题的微小的子问题进行求解。这样一来，自由市场经济就可以被看成分散决策过程，从而保证了一个帕累托有效的结果。

对假设所有行为人都对同一价格做出反应所给出的强调表明，对经济体中不同的行为人面临不同价格的情况，我们也不应轻易地放过。正如前文所提及的那样，这是税收条件下发生的情况。这也是当行为人获得补贴或折扣时所发生的情况。典型地说，对市场运行的干预会带来不同行为人对不同价格进行反应这样的情况，而此时帕累托最优性不会达致。

128

## 8.3　自由市场的局限

有很多原因，可能会使得第一福利定理不成立，或可能不是很有意义。其中主要的一些我们在这里给出来。

### 8.3.1　外部性和公共物品

我所提到的第一批假设中有一个是消费者只享用他自己的私人物品。当涉及公共物品（比如医院、公园、学校和公路）时，这个分析就会改变。典型地讲，在这样的情况下，对公共物品供给进行捐助会带来和囚徒困境类似的情境；每个人都偏好少捐一些，而无论别人捐助多少，即便每个人都偏好捐助而不是不捐助，也是如此。有些公共物品要涉及环境和自然资源的问题。例如，在捕鱼问题上有最优捕捞率，它可以让鱼类总体有休养生息的机会。但是由于每个渔民的支付并不反映他对他人的影响，所以渔民作为一个团体往往会过度捕捞。

还有一些涉及个体的经济活动对其他人产生直接影响的外部性。比如，抽烟污染了那些抽烟者周围的人群；醉驾让其他人陷入危险的情况之下；整修房屋可能会对所有的邻居都有正的效应；凡此种种，不一而足。在所有这些例子里，制定决策的个体不会考虑她的选择所带来的整体影响。

这些问题中有一些可以被视为不完全市场问题。例如，如果我们有交易空气污染的市场，或者如果我们可以对司机进行支付让他们不要酒驾，那么外部性也许本可以予以"内部化"，我们可以期待自由贸易能够带来帕累托最优结果。但是在很多情况下，这是不现实的，通常唯一的解决办法就是通过法令来管制经济行为。

### 8.3.2　市场势力

与竞争性均衡假设明显不符的一种情形，发生在有些市场条件下行为人规模过大而具有市场势力时，也即这些行为人能够以一种无可忽视的方式来影响价格。例如，如果一个企业是一个垄断厂商，那么它显然对价格有着影响。它可以很有代表性地来决定将产品卖得比竞争性市场要求的少一些。在竞争性均衡中，该企业被假定可以忽略其对价格的任何影响，它是否决定向市场多供应一单位商品，仅取决于市场价格和边际生产成本之间的比较。但是如果该企业是一个垄断厂商，那么它会决定不生产下一个单位的该商品——尽管生产的成本低于市场价格，因为它害怕就那些已经卖出的商品而言会损失更多金钱。同样的逻辑也可以应用到有几个行为人的情况中去，而不论是运用在市场中的买方身上还是卖方身上。均衡是有效率的这一结论，取决于无人相信他们能够改变市场价格这一条件。

### 8.3.3 不对称信息

**柠檬** 有关市场失灵有一个令人印象极为深刻的例子，它就是乔治·阿克洛夫在 1970 年给出的柠檬市场的例子。[①] 他提出了一个很具有典型性的旧车市场。这些汽车可能是优良品（"李子"[②]）或劣质品（"柠檬"[③]）。卖者知道其汽车的质量如何，而买者不知道。假设对优良品和劣质品都有需求和供给。也就是说，对于柠檬品来说，有愿意支付 6 000 美元的潜在购买者，以及愿意以 5 000 美元卖出的售卖者。优良品则在双倍于这些价格的价格水平上进行交易，只要价格高于 10 000 美元卖者就愿意卖出，只要汽车不超出 12 000 美元，买家就愿意购入。

如果一辆汽车的质量对所有的人来说都是已知的，那么柠檬品就会在 5 000美元和 6 000 美元之间进行交易，优良品则会在 10 000 美元和 12 000 美元之间进行交易，所有这些交易都会良好地运行。如果没有人知道一辆汽车的质量到底如何，而每个人都具有相同的信息，交易仍然可能发生。假设这些汽车是劣质品或优良品的概率相等，而且卖者和买者都是期望价值最大化者。那么，卖者会售卖任何对他们来说价有所值的东西——在期望值上即 7 500美元，而买者会购买任何对他们来说物有所值的东西——在期望值上即 9 000美元。如果价格在 7 500 美元和 9 000 美元之间，那么贸易就会发生。的确，在这个范围内，均衡价格应当就在其中，而帕累托最优性也会成立。在每个人都有相同的信息这一假设条件下，这和股票市场上交易股票是类似的。

但是在阿克洛夫的故事里，信息是不对称的。卖者知道汽车的质量，买者并不知道，买者不得不计算期望值。因此，买者只愿意支付 9 000 美元。给定这一点，由于优良品的卖者在 10 000 美元及以上的价格上才会售卖他的汽车，这样的卖者就会退出该市场。结果，只有那些低质量的汽车（柠檬品）才会留在这个市场上进行交易。

如果我们有很多中间的质量水平，那么结果甚至更出人意料。最高质量的汽车不会被交易，因为卖者不会在平均价格上售卖他们更好的汽车。一旦他们

*130*

---

① G. A. Akerlof, "The Market for 'Lemons': Quality Uncertainty and the Market Mechanism," *Quarterly Journal of Economics* 84 (1970): 488–500.

② 其英文为 plums，有理想之物的意思。——译者注

③ 其英文为 lemons，有蹩脚货、次品的意思。——译者注

退出该市场，那么汽车的平均质量就会下降，而买者对汽车的支付会进一步下降，比以前还要低些。这样，次一级高质量的汽车又会退出市场，这个情况会不断持续下去。最后，留给我们的是一个只有柠檬品才会被交易的市场，虽然帕累托最优性要求贸易在所有质量水平上皆应发生，但情况并不会改变。

　　某种意义上，我们可以将不对称信息看成外部性的一种类型。最高质量汽车的卖者无法将他们与那些低质量汽车的卖家区分开来。后者的存在是一类作用于前者的外部性。

　　**逆向选择**　　信息不对称的情况是非常多的。我们来看健康保险。我来到一家保险公司，要求购买一种保险。他们会试图对所涉及的风险进行评价，并相应地为这种保险制定价格。他们可能会问我一些关于我的健康方面的问题，但是他们在关于我的健康问题上所知必然比我要少。这样一来，在这种情况下我们就有了不对称的信息。

　　为了避免金钱上的损失，保险公司应该将该险种的价格定得比平均成本略高一些。由于这是健康客户和健康欠佳的客户之间的平均值，所以健康客户可能认为对于他们所暴露的风险而言这个代价过高，如果他们决定不购买这一保险，那么剩下的客户在期望赔付的意义上就变得更糟了。保险公司不得不提高溢价，而下一波客户又会认为这对他们来说要价过高，同样也会退出市场。这一过程的均衡得以实现之时，在很高的价格上购买保险的人都是那些身体最不健康的客户，剩下的人则无法在一个公平的价格上购买保险。这个问题仍然是健康的客户无法以一种可信的方式将他们自己与那些健康欠佳的客户予以区分导致的。

　　在保险学的文献里，这一现象被称为逆向选择（adverse selection）。根据市场的本质，保险公司得到的只是那些平均而言更为昂贵（健康欠佳）的客户。

　　**道德风险和委托代理问题**　　出现在保险情况中的另外一个不对称信息问题被称为道德风险（moral hazard）。这个问题是这样的，损害赔偿的概率还取决于客户可能做出或可能不做出的那些预防措施。例如，假设我的汽车投了保，在报摊前我停下来买份报纸。一般来说，我们习惯让发动机继续发动，暂时出去买完报纸再回来。然而，这蕴含着汽车被偷的风险。如果它没有投保的话，那么我们可能会关掉引擎，锁好车门，虽然这样有点麻烦。但是由于汽车投了保，好像我们开的是保险公司的汽车一样。因此，我们可能就不会对它那么细心了。

　　道德风险问题在不同的场合都可能出现，这常被称为委托—代理问题。在这些问题中，委托人雇用代理人为他工作，但是委托人无法监督由代理人所选择的努力水平。例如，保险公司就是那个可能会承担也可能不用承担汽车被偷成本的委托人，客户就是那个通过选择努力水平可以影响汽车被偷概率的代理人。关于委托—代理关系，还有很多其他的情况。当你向一位医生或律师进行咨询时，你雇用了一位专家，通常你是没有能力来判断你所得到的服务的质量的。这些专家们的动机是否和你完全一致，并非总是那么显而易见。在所有这些情况里，我们有理由怀疑自由市场能够实现帕累托最优均衡这一结论是否成立。

### 8.3.4　存在性与收敛性

　　在 20 世纪 50 年代早期，肯尼斯·阿罗和杰拉德·德布鲁证明了在某些条件下，竞争性均衡是存在的。[1] 这些假设不但包括第一福利定理的假设，而且还包括其他一些假设，比较著名的有偏好的凸性和技术的凸性假设。这个证明和对纳什均衡存在性的证明一样，都不是构造性的，它并没有告诉我们如何找到这样的均衡。

*132*

　　均衡（equilibrium）这一术语借自自然科学，它表示的是相反力量之间的平衡状态。但是由于我们并没有一般性的收敛结论，因此即便我们同意该模型的这些假设，也仍然无法保证我们在现实中所观察到的就和均衡是相互对应的。

　　如果我们考虑经济系统遭受的各种外部冲击，这些冲击包括政治事件、技术创新等，那么经济体处在一般均衡中的这一结论，就显得更加模糊不清。显然，如果我们并不必然处在均衡之中，那么，称均衡是帕累托有效的也就不怎么具有实际意义了。

### 8.3.5　偏好的形成

　　一般均衡模型假设偏好是固定的。但是我们知道偏好是变动不居的。在某种意义上，市场营销就是关于改变偏好的一种行为。偏好受到习惯、社会规范等因素的影响。尤其为我们所关心的是消费所形成的偏好。通常认为，我们可以观察到消费主体的行为方式，通过它，大公司让消费者相信他们在

---

　　[1]　K. J. Arrow and G. Debreu, "Existence of an Equilibrium for a Competitive Economy," *Econometrica* 22 (1954)：265‑290. 一般均衡模型颇具代表性地被称为阿罗‑德布鲁模型。肯尼斯·阿罗和杰拉德·德布鲁是率先阐述并证明存在性定理的人。然而，该模型自身有其先驱者，在 19 世纪中叶列昂·瓦尔拉斯曾经对之进行过表达，但是在他那里该模型并没有涉及生产问题。

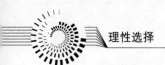

类型和数量上都比他们实际所需要的有着更多需要。如果这样的行为方式的确存在，那么帕累托效率的概念就没有被良好地定义。消费者愿意购买某些东西，并不意味着他们真的需要它们，而如果这些东西没有在市场上出现，他们就会对它们朝思暮想。

在某种程度上，消费者的需要是由经济活动所决定的，这看起来似乎显而易见。这些需要当中有很多是由市场产生出来的，如对食品、衣服、药品的需要，甚至不那么基本的需要，原本也可以以其他方式为人所需。在唯有市场才能满足的需要和它本身所产生的需要之间画出一条界线，是一件复杂得多的事情。

### 8.3.6 非理性行为

有关第一福利定理的另外一个困难在于，它假设消费者在给定预算约束下最大化一个效用函数是理性的。理性不应被刻板地予以理解。通常，它是一个足够良好的近似，这样一来效用最大化模型就会是一个有用的模型。但是也存在着诸多例外。例如，有充分的证据表明，人们在信贷市场上的行为表现得比较短视。人们通常会借债，但是稍后又会后悔不迭，并认为他们本应早点知道这一点才是。当一个人可能认为他在聚会上喝得太多或者他抽烟抽得超过了自己想要的量时，他会说："我希望我当时没有从我的信用卡里借出来那么多钱来买酒买烟。"

通常，人们会发现，他们欠信用卡公司的钱往往超过了他们每月的收入，每日小额的购买日积月累数量已然惊人。在这样的情况下，我们可以问问效用最大化模型还是不是对消费者行为的一种良好描述。如果它不是，那么由于人们总是太过经常地受到诱惑进行举债，所以至高无上的消费者形象就被动摇了。特别地，如果人们系统性地做出他们将来会后悔的决策，那么哪一种偏好关系才是我们希望用于定义帕累托最优性的并不清楚。对于家长主义和限制消费者自由这些方面的政策而言，确有可商讨的余地。对于古典的理性消费者而言，拥有更多选择总是一件大好事，这种消费者从来不会就其所做的选择而改变主意。但是更多的选择对于那些今天以一种明天会后悔的方式来行动的消费者来说，无疑是一个圈套。

### 8.3.7 用效用来测量什么？

第10章将会讨论效用的意义。这里我只是略提一下，在日常的经济和政治争辩中，根据第一福利定理的含义，我们不应自动地将效用与福祉相对等。这样一来，根据消费者的偏好关系而取得的帕累托最优性，不必然意味着我们希望得到的那些东西。

### 8.3.8 帕累托最优性的局限

最后，我们回想一下，帕累托最优性是一个有局限性的概念，尤其是它对于公平一言未发。第二福利定理对此做了局部性的回应。这个定理表明，在某些假设下（包括偏好和技术的凸性），任何帕累托有效的结果都可以是一个竞争性均衡，只要我们在生产和贸易开始之前进行某种转移支付。也就是说，给定一个帕累托有效的结果，我们可以改变初始禀赋，从而发现这个给定的结果是一个修正后经济体的均衡，在这个经济体中偏好和技术是不变的。这样的转移支付被称为一次性转移支付（lump-sum transfers），这种转移支付被假定是独立于经济活动的。与收入税和消费税相比，一次性转移支付并不改变激励，因为一个人获得每一产品和每一股份的收益并不受其经济决策的影响。

*134*

第二福利定理的思想可以被描述为如果我们关心不平等问题，那么我们可以通过一次性转移支付来解决这一问题，而不牺牲帕累托效率。大致来讲，通过单独对初始资源进行再分配，平等是可以达致的。问题在于，我们从来没有以合理的形式出现的有关一次性转移支付的例子。比如，在人们之间根据其姓名对产品进行转移支付，这听起来似乎并不公平，也不会解决不平等的问题。与之相对，如果我们从富人那里将资源转移给穷人，那么人们不久就会认识到这一点，这样的转移支付和所得税是很类似的。结果，第二福利定理在实践意义上的价值就会大打折扣。

## 8.4 举例

有关自由市场利弊得失的争论非常多。从修辞的角度观之，第一福利定理可能是经济学中最有威力的结论了。在这个领域也自然有着被过度解读和被误解的结论。就这点而论，它的确需要有关限制条件的一个更长的清单才可以。同时，理解第一福利定理的基本逻辑也非常重要。当我们将其结论运用到整个经济体时，即便我们不会自动地接受其结论，它也仍然不失为一个有助于我们有效配置资源的洞识。我们来看下面这个例子。

学生们在一所大学里选择课程。课程总量在规模上是有所限制的，因此学生们不可能总是能够得到他们的第一选择。我们应该怎么样将学生分配到各课程上去呢？如果我们选择随机分配，那么我们几乎没有希望可以实现帕累托有效配置。例如，我们可以将一个学生分配到上午的某一课程，将另一

个学生分配到晚上的同一课程上，而实际上他们可能喜欢彼此互换过来。为了找到帕累托改进的交易，我们可以将任何一对学生进行匹配，让他们找出关于其课程的某个配置，该配置能够使得他们两个人都更开心。将任意两个学生都进行匹配，会是一个非常冗长的过程。更糟的是，这还可能不够充分。很可能只有一种涉及三个人的交换方式可以使所有的学生情况变得更好，我们通过成对比较还无法找到它们。而如果我们需要考虑学生的所有子集，那么这会更加复杂。

第一福利定理提供了一种方法。给每个学生配置一个预算，比如 100 个点。给每个课程（或时间段）标上一个价格，让学生用他们的点来购买注册该课程的权利。给定所标出的价格，这些学生也可以彼此交易。令一个市场协调员基于每个课程在给定价格上的供求状况来调整所标示的价格。如果该市场达致了均衡，那么我们可知对应的配置就是帕累托有效的。

很多大学使用了投标系统，借此课程配置可以通过拍卖实现，其中点数可以用来为课程注册进行投标。拍卖机制可能无法保证帕累托最优的结果，但是它具有在相对较短时间内即可得以实施这样的现实优势。

点数交易的一种替代方法是先到先得。这也可以被看成一个市场体系，其中消费者用时间进行支付；那些先到的学生会选择所有其想选的课程，然后离开这个市场。接下来进来的学生再选择他的课程，如此等等。如果没有无差异的情况，这样一个体系的结果将会是帕累托有效的，但是它看起来似乎与公平还差得很远。的确，那些已为人父母的学生可能没有办法像那些没有孩子的学生那样尽早进行注册。这样一来，具有较小时间禀赋的学生可选的课程比那些具有较大时间禀赋的学生可选的课程要少。

用点数寻找竞争性均衡是获得帕累托最优配置的一种方法，在我们将所有的禀赋设为相等这个意义上，它也是平等主义的一种实现方式。在这个例子里，第一福利定理的大部分限制条件看起来并没有多大意义。没有学生有着显著的市场势力，也没有不对称信息。结果，市场机制在这种情况下显得非常具有吸引力。

这个例子是理论—范式对偶性的另外一种情况。第一福利定理作为一种关于整个经济中真实市场的理论会遇到重重困难。

# 第四篇
# 理性与情感

# 9 情感的进化论观点

将理性视为情感的对立面是颇为常见的。大致想来，有时候占据我们内心的情感是很难予以良好地解释的力量，而理性则是非常冷酷的，是帮助我们控制情感的机器。

这幅画面确有几分真理的成分在。我们来看这样的情况：一个男人回家，发现自己的妻子和别的男人在床上滚作一团，气急之下，他拔出了枪，将这对男女给射死了，而自己则在监狱中度过余生。这个男人可能很后悔他的选择，并认为自己"丧失了理性"，头脑被情感"占据"了，或者诸如此类的话。的确，这种情况可能会被归类为"激情犯罪"。毫无疑问，这种情况下本来可以思虑更为周详的。他不需拔枪相向，本可以耸耸肩膀，走到酒吧，去找一个新的伴侣。

但是所有的情感反应都不会是这种样子的。

相反，很多情感可以从进化的角度被当做效用的决定因素而得以理解。例如，人们会爱自己的孩子。这可以由父母愿意消费更少的可用资源以供他们的子女消费更多得到彰显。如果我们相信效用的决定因素都是物质需要，那这看起来就很不理性。但是如果我们将被爱的人的物质需要纳入效用函数，那么它也就好理解了。此外，很容易可以看到，反映了爱的偏好可能是在一个进化的过程中发展出来的。如果两个物种在所有其他方面都是一样的，只有在其对后代的爱上有所差别，那么我们可以想象，自私的父母平均而言只会有更少的孩子能够活到成年，而那些关心自己孩子的人可能会有更多孩子长大成人。我们会想，对于父母来说，为了拯救自己的孩子而牺牲他或她的生命是否有意义。这里的进化论演算可能取决于确切的模型。但是，为了给孩子们提供更多而放弃一些物质享受具有进化论意义，则是没有异议的。

*139*

像愤怒这类情感也可以根据进化论的理由进行解释。我们来看如下这个在老虎和母熊之间进行的扩展式博弈（参见图 9—1）。母熊出去为熊仔找食物，她让熊仔待在窝里。老虎在熊窝附近闻到了诱人的美食味道，要决定是否攻击熊仔。如果老虎不攻击，则什么事也没发生，我们可以将支付正则化为（0，0），老虎和母熊分别得到 0。如果老虎对熊仔发起攻击，那么它会把熊仔吃掉。为简单起见，假设它杀了所有熊仔，在美餐结束之前，母熊回来了。现在，母熊有一个选择摆在面前，要么和老虎打上一仗，要么默然接受熊仔已死的现实。如果母熊决定和老虎打一仗的话，那么母熊和老虎都会受伤，也即支付为（−10，−10）。如果母熊决定默然接受，那么老虎享受了一顿美餐，而母熊丧失了孩子，但是至少不会受伤。假定这种情况下支付为（10，−5）。

这个博弈有两个纯策略纳什均衡。在第一个纳什均衡里，老虎攻击，母熊离开（默认），自言自语道："过去的就让它过去吧"，从而得到最终结果，支付（10，−5）。对于老虎来说，这是最好的结果，对于母熊选择默认而言，攻击是最优反应。就母熊而言，损失熊仔（−5）要比既损失熊仔又受伤（−10）要好。因此，默认是针对老虎选择攻击的最优反应。在第二个均衡里，母熊选择一旦它的孩子被吃掉它就反击。给定这一选择，老虎的最优反应是放弃这顿美餐（不攻击）。母熊要打一仗的威胁是老虎选择不攻击的最优反应，由于这一威胁绝不可能被执行，实际上，第一个均衡才是子博弈完美的，而第二个则不是。事实上，这个博弈和 7.7 节讨论过的手榴弹博弈如出一辙。非子博弈完美的均衡作为进化过程的结果很难说是合乎理性的。

*140*

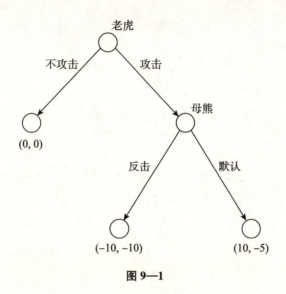

图 9—1

如果老虎罕见地错误攻击了熊仔，那么理性的母熊不会遵循这一不可置信的威胁。老虎随后就会发现反击的威胁是空喊喊的。

现在，让我们给母熊加上点愤怒情绪。假设一旦发现自己的孩子死掉了，母熊就会非常愤怒，不可遏制地要和老虎一战到底。这可以由改变支付－5为－15来予以模型化；现在，默然接受就比反击要来得差了。回忆一下，我们说效用描述了行为；不等式－15＜－10表示母熊会选择打一仗。这个新的博弈我们在图9—2中给出。

如果我们分析这个新的博弈，那么就会发现它和7.7中的手枪博弈是类似的。这个博弈只有一个纯策略纳什均衡。它是子博弈完美的，且等同于逆向归纳解。母熊可置信地威胁如果她的孩子被攻击即打上一仗。老虎会选择不攻击。

这样，愤怒让母熊的威胁可置信。会愤怒的熊的种群可能间或会失去孩子并在反击中受伤。但是它使得这个种群赢得了一种声誉，老虎应该会对此有所忌惮，不大乐意去攻击这个种群的熊仔，而这个种群也因此有更多的熊仔可以长到成年。进化支持了这一种群，因此把愤怒这种情感给挑选了出来。

故事并未就此结束。我们可能会想，是什么阻止了具体的一只母熊去搭便车，阻止她像别的母熊一样在关键时刻选择不去攻击呢？这个问题引发了深层的分析。但是基本之点还是成立的：情感可以根据提高适者生存的程度

*141*

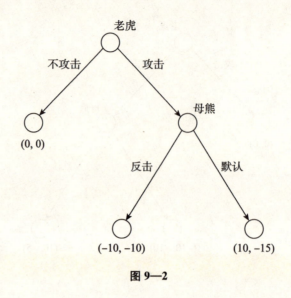

图 9—2

来改变支付。

　　神经学研究业已发现，情感应激和理性决策是相互关联的。Antonio Damasio 和 Joseph LeDoux 等神经学家已经指出，脑科学研究认为情感对于理性决策的制定是必不可少的。[①] 从纯粹理论的角度看，我们也发现推理能力对于理性选择来说并不足够。纯粹理性可能对于解数学题是足够了，但是如果我们有着喜欢和讨厌这类偏向，那么就会无法决定该做什么。要能够处理情感、情绪或心情，情感性的反应对于定义需要和欲望是必不可少的。如果你给我展示了一个博弈模型，那么我可能非常聪明，找出了所有的均衡，但是如果我不知道我应该最大化哪个效用函数，那么我就没有办法做出选择。

　　由此，我们可以得出结论，很大程度上，理性和情感是相互兼容的。此外，理性可以帮助我们理解情感，反之亦然。另外，进化论的视角经常表明，情感应激是合乎理性的。再者，情感应激对于理性选择定义来说也是必不可少的。

142

---

　　① A. R. Damasio, *Descartes's Error: Emotion, Reason, and the Human Brain* (New York: Putnam, 1994); J. LeDoux, *The Emotional Brain* (New York: Simon and Schuster, 1996).

# 10 效用和福祉

## 10.1 金钱不等于幸福

把效用认定为福祉（well-being）抑或幸福（happiness）这类概念是极为自然之事。我们甚至可能会认为这是效用测量的应有之义。但是这并不能从之前所述的它实际上测量了什么的内容中得出来。

效用是根据我们使用它的方式来予以定义的。在确定性条件下的选择中，效用最大化描述了个体所做的选择，如果他们在行为上是一致的，那么就可以使用这样的表达。对于风险或不确定性条件下（具有主观概率）的选择问题，期望效用最大化同样也是成立的。用于描述行为的函数可以用于预测，它被命名为效用函数。然而，将它视为福祉或幸福，则毫无根据。

显然，有很多因素可以让人们感到幸福、满足或满意，但这些因素都不能由从选择行为得出的效用测量所昭示。一个人是否满意，不仅取决于可获得的备选项，而且取决于抱负、期待以及参考点。这些基准取决于文化，取决于个体所生存的社会，取决于他的过去等。

有充分的证据表明，人们自我报告的（主观）福祉仅和收入呈现出弱相关关系。由理查德·伊斯特林所进行的著名研究（始于 20 世纪 70 年代）表明，收入的提高对所报告的福祉的改善而言仅具有非常小的影响。[①] 在同一群人之内，收入和福祉之间的关联度要比两者在时间上的关联度更强，这可以被典型地解释为抱负水平的调节效应。假设所报告的福祉在一个人的收入和福祉之间有所差异。在生活的过程中，有的个体可能会变得更加富有，但是他的抱负水平也在与日俱增。因此，不同的人其幸福感的差别不必然会增大。相对而言，在一个给定的群体里，当人们四望之下发现其他人做得很好时，他们都观察到了同一个总体，结果是大家都持有相同的抱负水平。这意味着，在相同的群体内进行测量时，收入越高，福祉越高。综合而言，这些发现表明主观福祉取决于财富以及抱负水平。

正如收入情境中抱负水平所发挥的作用一样，作为基准的参考点会以不同的外表出现在心理学中。[②] 哈利·赫尔森（始于 20 世纪 40 年代）提出了适应水平理论（adaptation level theory）[③]，它将来自某个水平当中的差异所昭示的不同刺激因素予以模型化，这些差异被当做个体体验的结果而被吸纳进来。举个例子，当我们身处黑暗之中时，我们的瞳孔会放大，直到习惯了这种水平的光线为止。走进厨房，你会被炒菜的气味所呛到，但是过不了几

---

① R. A. Easterlin, "Does Money Buy Happiness?" *Public Interest* 30 (1973): 3 - 10; R. A. Easterlin, "Does Economic Growth Improve the Human Lot?" in *Economic Growth*, ed. P. A. David and M. W. Reder, 89 - 125 (New York: Academic Press, 1974); E. Diener, "Subjective Well-Being," *Psychological Bulletin* 95 (1984): 542 - 575. However, see also R. E. Lucas, P. S. Dyrenforth, and E. Diener, "Four Myths about Subjective Well-Being," *Social and Personality Psychology Compass* 2 (2008): 2001 - 2015.

② 抱负水平这一概念出现在赫伯特·西蒙的满意度理论中。在这一理论里，抱负水平有更多的行为意味；它不是幸福或福祉的一个测量指标，而是某人"满意"从而停止探求的某个绩效水平。参看 H. A. Simon, "A Behavioral Model of Rational Choice," *Quarterly Journal of Economics* 69 (1955): 99 - 118.

③ H. Helson, "Adaptation-Level as Frame of Reference for Prediction of Psychophysical Data," *American Journal of Psychology* 60 (1947): 1 - 29; H. Helson, "Adaptation-Level as a Basis for a Quantitative Theory of Frames of Reference," *Psychological Review* 55 (1948): 297 - 313.

分钟，你就不会再对这种气味有所察觉了。我们的意识似乎主要对刺激水平的变化而非这些刺激的绝对数值做出反应。这是可以理解的，因为变化常常包含新的信息类型。

赫尔森的适应水平理论被应用到很多方面，包括关于福祉的概念上。它认为，当人们对察觉到的刺激进行调适时，他们是以相同的方式对生活环境进行调适的。由布里克曼、寇茨和加诺夫-布尔曼所做的著名研究（在 20 世纪 70 年代）测量了那些赢得彩票的人们的福祉，另外，他们还测量了那些由事故造成伤残的人士的福祉。[①] 他们在事件发生之后马上开始记录其福祉变化，结果一如我们所预期的那样，在经过一段时间之后，一切差不多又都回到了原来的水平。

给定这些发现，我们可能会重新认识福利的概念。如果人们无论怎样都会对新环境适应下来，那么人们对物质福利的追求又有何意义呢？如果富人并不比穷人更幸福，那么用国内生产总值（GDP）来测量一个国家或经济体的成功又有什么价值？以这类测度来设计社会和经济政策是否足够明智？为了更加具体，我们来考虑这个问题：是应该将美国视为一个成功经济体的典范加以仿效，还是应该偏爱一个这样的发展中国家——那里的人们拥有大量闲暇，而且对社会关系的重视程度大大超过对收入的重视程度？

*144*

## 10.2 限制条件

金钱买不到幸福这一基本事实是很显然的了。在故事和寓言、布道和电影里，均不乏其例。然而，对于我们应该如何解释从主观福祉的文献中所发现的结果以及我们应该如何根据这样的发现来改变我们的社会和经济政策，答案却不是那么显而易见的。

### 10.2.1 问卷的有效性

根据收入只与福祉弱相关这一发现，经济学家通常会借助于效用作为预测选择的工具（"显示性偏好"范式），在一天的末尾，问你是偏爱更多金钱还是更少金钱？特别地，对于布里克曼、寇茨和加诺夫-布尔曼的发现我们仔细思考之后就会觉得其颇为可疑。我们可能会接受这样的事实：所报告的截瘫者和彩票赢家的福祉水平在事件过了一段时间之后与之前水平差不多。但是经济学家经常指出，对于赢得彩票的选择和变成跛子的选择，没有

---

① P. Brickman, D. Coates, and R. Janoff-Bulman, "Lottery Winners and Accident Victims: Is Happiness Relative?" *Journal of Personality and Social Psychology* 36 (1978): 917 – 927.

人会认为它们近于无差异。可以这样看，尽管存在刚才所提到的那些问题，但是用于描述选择的效用函数的意义要比对类似的问卷进行作答时更为丰富，即便在它被解释为福祉的一种测度时，亦是如此。

这种观点受到了来自心理学文献有关福祉的主观测度批评主义的支持。关于此点，有两个著名的例子。在第一个里[1]，学生们被问到了同样的问题：你对你的生活有多满意？你过去的一个月里约会过几次？当这些问题以这种次序给出时，答案之间的关联并不是很强。这可能说明，一个人的罗曼生活对他的福祉并不具备很大的影响。但是当问题的次序发生倒换时，这种关联突然增强了，得到的结论正好相反。综合而言，这个发现表明，对于福祉自我报告的问题之答案可以通过将人们的注意力牵引到其生活的特定方面而进行操纵。要注意，有关约会次数的问题是一个事实性的问题，因此较少可能会被操控。相对而言，福祉的主观体验取决于心情倒是可以理解的，如果我们回忆起了生活的某一个特定方面，那么这种心情很容易会被改变。

第二个著名的例子涉及的是在不同的城市的早上所做的一个电话调查。[2] 首先，人们被问到他们对他们的生活有多满意，研究人员发现，得到的回复与该城市那个早上的天气有很高的关联度。这一发现表明，醒来时一个灰色的天空对人们的福祉概念有着负面的影响，而晴朗的天空则一般会让人们感到更快乐。其次，同样的研究再次进行，但是这次受访者首先被问及的是他们城市的天气情况如何。有意思的是，天气和自我报告的福祉之间的关联度就显著地下降了。也就是说，当我们把天气情况指出来时，人们似乎能够"剔除"天气对他们心情的影响。

第一个例子表明，由自我报告的问卷所测度的主观福祉具有很大的操控空间。第二个例子说明，人们的确足够成熟老练，一旦那些短时效应明确为他们所知，他们就能够对此进行校正。但是，这两个例子都表明，自由报告的测度方式可能会给出非常不同的结果，这取决于一系列我们无法从根本上进行认识的因素。如果对这样的问题的答案是如此敏感，那么我们打算将社

---

① F. Strack, L. Martin, and N. Schwarz, "Priming and Communication: Social Determinants of Information Use in Judgments of Life Satisfaction." *European Journal of Social Psychology* 18 (1988): 429 – 442.

② N. Schwarz and G. L. Clore, "Mood, Misattribution, and Judgments of Well-Being: Informative and Directive Functions of Affective States," *Journal of Personality and Social Psychology* 45 (1983): 513 – 523.

会和经济政策建立在这些问题的答案之上就不是很明智了。

丹尼尔·卡尼曼发起了一项研究，以便实现对福祉的更好的测度，而不是根据主观报告或者其他诸如收入之类的指标来衡量。[①]它建立在昨日重现方法（Day Reconstruction Method）之上，通过问询，让人们重现当日，而且他们的福祉也是以对他们曾经从事过的活动在时间上进行累积而进行测度的。这些活动根据愉悦程度分别进行分类。

不管是主观福祉还是昨日重现方法，都不能将幸福的概念以日常的用语和流行的文化进行表达。例如，没有孩子的人报告的主观福祉要高于那些孩子还比较小的人报告的福祉，但是和那些孩子已经长大的人们报告的福祉是一样的。[②]这是否意味着没有孩子的人更快乐呢？情况未必如此。很可能，孩子还比较小的人是比较压抑的，他们必须要在很少的时间和很少的金钱中苦苦挣扎，因此他们所报告出来的福祉要低于那些没有孩子的人。昨日重现方法也可能会得到同样的结果。与没有孩子的成年人相比，父母们会有着更多无眠之夜，花费很多时间带孩子去看医生，在晚上没有时间出去娱乐。同时，父母们会说，他们的孩子也会带给他们的生活以快乐和幸福。这些方面可能无法由现有的测量方法所体现，然而它们又似乎是幸福和福祉的重要决定因素。的确，它们看起来也会影响人们的选择。

与之类似，人们常常认为"赋予其人生以意义"的不同成就会"让他们感到幸福"，"让他们的人生更值得过"。这些成就既包括像获得奥林匹克奖牌这样的个人伟绩或创造了一个艺术篇章，又包括度过正直的一生或为祖国而操劳。对福祉的现有测度似乎没有反映出这些因素来。然而，后者对人们的福祉以及他们的选择和他们给他人的人生意见都是颇有影响的。

### 10.2.2　请勿将他人从享乐跑步机上推开

根据适应水平理论，菲利普·布里克曼和唐纳德·坎贝尔（在20世纪70年代）认为："关于幸福的问题并没有被真正地解答"，除非"从享乐跑

*146*

---

① D. Kahneman, A. B. Krueger, D. A. Schkade, N. Schwarz, and A. A. Stone, "A Survey Method for Characterizing Daily Life Experience: The Day Reconstruction Method," *Science*306 (2004): 1776 – 1780.

② S. Mcklanahan and J. Adams, "Parenthood and Psychological Well-Being," *Annual Review of Sociology*13 (1987): 237 – 257; D. Umberson and W. R. Gove, "Parenthood and Psychological Well-Being: Theory, Measurement, and Stage in Family Life Course," *Journal of Family Issues* 10 (1989): 440 – 462.

步机上下来"。① 根据他们的观点，我们通过物质成就对幸福的诉求就好比一个跳上了跑步机的啮齿类动物；它跑得越快，底下的跑步带就越快。就像一个不断攀爬的动物，一个追求更多物质商品的人不会取得幸福，因为他的目标和抱负随同他的成功而不断攀升。

"享乐跑步机"是一个有力的比喻，我们中很多人可能会采纳布里克曼和坎贝尔的建议，这些建议和哲学家以及宗教布道者透过他们的时代带给我们的训诫是一致的。但是，给出这种建议的行为本身，就提出了一个伦理问题。我们可以决定脱离享乐跑步机，但是谁给了我们权力去劝谏别人也这么做呢？更糟的是，如果你遵循了我的建议，但是你周围的人却没有这么做，那么你又有何感想？你可能会发现你比周围的人都要穷困，不可避免的是，你会有点妒忌。如果每个人都摆脱对物质财富的追求，那么每个人都会感觉更好一些，这也是可能的，但是给定其他人都在某个物质财富水平上，我们中每一个人都会因为拥有刚好多一点而感到更幸福。这就和囚徒困境颇为类似，其中合作的结果的帕累托水平优于不合作的结果的帕累托水平，也即我们都不竞争物质财富会是一个合作的结果，但是最后却都掉进了竞相追求物质享乐的境地，因为后者是一个占优策略。最后，建议其他人应该放弃物质财富也会带来道德风险问题。我们能不能认为这样我们就可以以自己成为富人和幸福的人为最终的结果呢？

*147*

### 10.2.3 人们不会对一切都进行调节

适应水平理论认为人们会对刺激水平进行调节。丹尼尔·卡尼曼和其他人所强调的关键一点在于，有一些事物人们是不会对之进行调节的。被夺走了食物，人们不会习惯于他们不幸的环境，他们会死去。因此，做以下这样的假定是错误的，即，一般而言，人们会进行调节，所以我们不应该担心其物质福祉。

此外，物质福祉和诸如 GDP 这样可测的指标显然会带来更高的福利水平。那些 GDP 比较高的国家能够更有效地战胜饥馑和疾病，提供更好的健康医疗服务，其婴儿死亡率也更低。这说明，在福利政策之下，物质福祉可以转变为在收入刻度的更低端存在的更高的主观福祉。根据这一观点，经济增长没有最大化富人的幸福，但是它却能最小化穷人们的痛苦。

总结一下，我们似乎并没有关于幸福的良好测量指标。此外，"当我们

---

① P. Brickman and D. T. Campbell, "Hedonic Relativism and Planning the Good Society," in *Adaptation Level Theory*: *A Symposium*, ed. M. H. Appley (New York: Academic Press, 1971).

看到它时，我们也就理解了它"，这句话并不是显然正确的。与之相对，我们对于何谓悲惨有着更好的认知。一个可能的结论是，社会政策应该集中关注痛苦的最小化，而非幸福的最大化，这一点和约翰·罗尔斯不谋而合。　　*148*

　　理性选择范式提供了思考这个世界的一种方式，但是并不能对大量具体问题给出解答。在本书中，我们遇到了社会科学中出现的很多问题，这让我们重新回到了哲学中的一些传统问题上来。从概率的定义到快乐的内涵、从理性的概念到正义的本质，这些问题都属于哲学的领域，但是在社会科学的问题当中它们时不时地就会以现实的外表呈现在我们面前。

　　这些哲学问题中的大部分并没有客观或科学的答案，相应地，很多社会科学当中的实际问题也不可能单独依靠科学探究就能得到解决，因此它们不可能全部交由专家来处理。这些问题应该由每一个具体的个体来应对。我相信，理性选择范式在思考这些问题上会提供很大的帮助。

细说博弈论

我对理性选择理论一直比较着迷，并认为这是社会科学中最核心也最 hard 的范式。

2010 年，一个偶然的机会，我在浙江财经大学图书馆的英文书库看到了 Gilboa 的这本小书，爱不释手。那年秋天，我正好在浙江财经大学给研究生开设微观经济理论的课程，就使用了这本书的不少内容来讲授。那一次，我才发现，实际上对于很多对理性选择的批评，这一理论的发展者也都在不断地予以回应。当然，理性选择这一范式的内部并不是没有问题，但是，作为一种理解这个世界的认知方式，它仍然可以为我们提供不少慧见与洞识，这是到目前为止的其他范式所达不到的高度。

这本书很短小，它把所有的数学都放在该书网站的附录里，这当然是想提高本书的可读性，

但我还是觉得，加上那些数学，这本书的讨论或许显得更严谨。不过目前来看，现在这样也不错，本书至少可以作为对这个范式的一般性介绍。

但是，喜欢归喜欢，当时却没有想到这本书能够由我来翻译。2013年，我又重读了这本小书，感到自己的理解又有了新的层次。我倒动了翻译它的心思。我把它推荐给了上海和北京的几家出版社，它们回复说这本书的版权已经被买走了。虽然我和中国人民大学出版社很熟悉，但是当时没想到他们会买走这本书的版权。一次在与人大出版社高晓斐编辑的闲聊中，我提起了这本书，没想到晓斐对此书竟然颇为熟悉，而且正是他推荐给了马学亮老师，马老师把它买下，要作为大师细说博弈论系列图书的一本来出版。想到此书终是可以和我国的读者见面，我当时很开心。没想到，过了一周，马老师就托晓斐问我愿不愿来翻译此书，不知何故，原来的译者未能履约。我当时就一口答应下来。我和这本小书真是有缘啊！

感谢中国人民大学出版社马学亮老师和高晓斐老师，成就了我和这本小书的一场缘分！在翻译过程中，我发现，这书写得真是好，举凡理性选择的方方面面，作者洞幽烛微，都做了细致的探讨。由于对此书相对比较熟悉，翻译时间并不长，这书也的确比较简短，但是还是感到所获颇丰。

本书翻译完毕之后，曾请我校的研究生和一些老师进行了审阅，他们是：唐珏、胡梦倩、王家俊、朱丹、吴凡、马青、汤红林、谷佳音、张原浩、刘朝良、汪智杰、杨洛、李静、陈亦政、郑吉锋、史祯之等同学，浙江财经大学的张利风老师也审阅了部分译稿，特此致谢！

感谢我的妻子叶星以她浙大心理系所学的心理学背景在有关前景理论等心理学部分的翻译内容上给出的解释和翻译建议。尤其还要谢谢我刚上幼儿园的女儿李果行小同学，没有她的陪伴，这个世界对于我来说，就少却了太多的温柔和可爱了。

李井奎谨识于浙江财经大学·钱塘之滨

图书在版编目（CIP）数据

理性选择/吉尔伯阿著；李井奎译. —北京：中国人民大学出版社，2015.4
ISBN 978-7-300-21105-3

Ⅰ.①理…　Ⅱ.①吉…　②李…　Ⅲ.①选择学　Ⅳ.①C934

中国版本图书馆 CIP 数据核字（2015）第 073655 号

大师细说博弈论

**理性选择**

伊扎克·吉尔伯阿　著

李井奎　译

Lixing Xuanze

| | | | | |
|---|---|---|---|---|
| **出版发行** | 中国人民大学出版社 | | | |
| **社　　址** | 北京中关村大街 31 号 | | **邮政编码** | 100080 |
| **电　　话** | 010—62511242（总编室） | | 010—62511770（质管部） | |
| | 010—82501766（邮购部） | | 010—62514148（门市部） | |
| | 010—62515195（发行公司） | | 010—62515275（盗版举报） | |
| **网　　址** | http://www.crup.com.cn | | | |
| | http://www.ttrnet.com（人大教研网） | | | |
| **经　　销** | 新华书店 | | | |
| **印　　刷** | 涿州市星河印刷有限公司 | | | |
| **规　　格** | 170 mm×240 mm　16 开本 | | **版　次** | 2015 年 4 月第 1 版 |
| **印　　张** | 11　插页 1 | | **印　次** | 2015 年 4 月第 1 次印刷 |
| **字　　数** | 169 000 | | **定　价** | 48.00 元 |